成長する授業

岡田京子

Art and Handicraft

Kyoko Okada

子供と教師をつなぐ図画工作

東洋館出版社

はじめに

子供って面白い。図画工作って面白い。

図画工作で子供が育つ。教師としての力も育つ。

図画工作を通して、みんなが成長する。


これは、日本全国各地の子供たちと先生方との出会いから得た私の実感です。

このことを多くの方に知ってもらいたいという思いでこの本をつくりました。この本は、子供と図画工作科の先生方に、そして子供に関わるみなさんに届けたい、「一緒に成長しよう」という私からのラブレターでもあります。


私は、長い間小学校の図画工作科の教師として、子供たちと関わってきました。

題材を考え、準備し、実際に授業をする日々は、楽しくも必死でした。子供たちみんなが時間を忘れて夢中になって活動している姿に魅せられ、教師を続けてこられた気がします。その中で、「子供って面白い、図工って面白い」ということを全身で感じ、考え、知りました。そして図画工作を通して子供の様々な力が育っていることがわかりました。

今は、全国の先生方の授業を拝見し、指導や講評をしたり、学習指導要領の説明をしたりしています。たくさんの子供たち、たくさんの先生方との出会いがあります。立場が違うと、より一層見えてくることがあります。

例えば、教師を真剣に、まっすぐに見つめる子供のまなざし。

最初に見たとき「これが学びたいと思っている子供のまなざしなのだ」と圧倒されました。私が授業をしていたときも、子供はこんなまなざしで見つめてくれていたのかもしれないと思うと、「ごめん、知らなかったよ」と謝りたいような気持ちになります。

それから、子供は日々懸命によりよく生きようとしていること。

もっと、形を大きくしてみたい、もっと、違う色を使ってみたいというように、子供は活動や作品をよりよくしようとしています。これは、よりよく生きようとしている子供の姿そのものです。

教師も同じです。日々懸命に子供と向き合い、子供にとってもっとよい授業にしたいと授業改善を重ねています。教師の創造性が特に求められる教科だからこそ、教師として伸びる力があるのです。

すなわち、図画工作科は、子供も教師も成長できる、そして子供と教師がぎゅっとつながることのできる教科なのです。

これらのことをお伝えするために、本書では、まずChapter 1「魅力いっぱい図画工作！」において、図画工作科とはどのような教科なのかを、事例とともに子供の姿を追うことで明らかにしました。その上でChapter 2「教師として成長する―こんな教師力が伸びる！」において、指導を考えたり実践したりすることを通して育まれる教師としての力を整理して示してみました。さらにChapter 3「子供が夢中になる！　指導のヒント」として、指導計画の作成から授業の終末まで、それぞれのポイントを示し、子供への声かけについて検討し、Chapter 4「授業をのぞいてみよう！」では、その具体例として低学年、中学年、高学年それぞれ三題材を紹介するとともに、「活動の様子」「指導の工夫」「声かけのポイント」「子供の学び」の視点で各題材を整理してみました。Chapter 5「成長する子供たち―こんな力も伸びる！」では、図画工作を通して育まれる子供たちの様々な力について考えました。

さあ、図画工作を通して、子供ともっとつながりましょう。みんなで一緒に、楽しみながら成長しましょう。

Chapter 3
子供が夢中になる！ 指導のヒント

Chapter 4 授業をのぞいてみよう！

Chapter 5 成長する子供たち―こんな力も伸びる！

Chapter

1

魅力いっぱい図画工作！

図画工作科という教科

図画工作科という教科には魅力がいっぱいです。

まずは、低学年の造形遊び『ならべて　つないで　キラキラペーパー』を例に、その魅力を探っていきましょう。

図画工作科は、「活動を通して学ぶ」教科です。図画工作科の学習活動は、子供が感じたことや想像したことなどを造形的に表す表現と、作品などからそのよさや美しさなどを感じ取り見方を深める鑑賞の二つの活動によって行われます。

表現は、材料や場所を基に造形遊びをする活動、感じたことや想像したことなどを絵や立体、工作に表す活動に分けられます。鑑賞は、作品などを鑑賞する活動です。子供たちは、これらの活動を通して、様々な資質・能力を身に付けます。

それでは、実際の授業を見ていきましょう。

『ならべて　つないで　キラキラペーパー』は、材料から思い付いた活動をすることを通して資質・能力を育成する、造形遊びの活動です。

透明折り紙やカラーセロハン紙などの光が透ける材料を、並べたり、つないだりしながら思い付いた活動をします。活動場所は、窓が多く光がたくさん入ってくる廊下です。

二年生の子供たちがやって来ました。先生は、題材名を子供に伝え、今日使う材料として、透明折り紙を紹介します。そして、**一人に四枚ずつその透明折り紙を配り「ならべてごらん」と言いました。**

子供たちは、座っているその場で四枚の透明折り紙を、縦や横、四角い形に並べています。一度並べてから、色を考え、並べ直している子供もいます。しばらくすると、子供たちは、隣

に座っている友達に声をかけ、一緒に並べ始めました。**「黄色に青を重ねると緑になる」「お花みたい」**などと、話しながら活動しています。

　これは、形や色を捉え、自分のイメージをもちながら並べ方を考え、工夫して並べている子供の姿です。


　教師は、はじめに子供に渡す透明折り紙を一人四枚にしています。並べるにしては少ない枚数です。しかし、そうすることにより、「友達の透明折り紙と合わせたら、枚数も増え、もっといろいろできそうだ」という子供の思いを引き出すようにしているのです。

　子供たちは、隣にいる友達に声をかけ活動しています。友達と活動することにより、様々な発想やアイデア、表し方などがあることに気付きます。**協働的な活動によって、一人一人の資質・能力が高まっていくのです。**図画工作科は、このような設定がしやすい教科です。

　透明折り紙を並べながら、「黄色に青を重ねると緑になる」「つなげると道になった」など、形や色などを捉えたり、「お花みたい」とイメージをもったりしています。このように**図画工作では、子供が主体的に、形や色、イメージに関わることをとても大切にしています。**

　また、このような活動の姿から、子供が**感性を働かせながら学んでいることにも注目することが重要です。**

感性は、様々な「もの」や「こと」を心に感じ取る働きです。感性は、知性と相反するものではなく、一体化して創造性を育む重要なものです。感性を働かせることは、子供の能動的な行為なのです。続きを見ていきましょう。

子供たちは、四枚の透明折り紙を並べてみながら、重ねると色が変わることや、組み合わせるといろいろな形ができることに気付きました。

そこで先生は、床や壁、窓などの活動場所と範囲を示し、「透明折り紙でどんなことができるかやってみよう」と子供に提案しました。

透明折り紙の枚数も増やし、かごに入れて、好きなときに使えるようにしました。

子供たちは、透明折り紙を床に並べたり、窓や壁に貼り付けたりし始めました。静電気で貼り付くので、何度もやり直すことができます。

使える透明折り紙の枚数も増え、好きな色を選ぶことができることにより、様々な工夫が生まれます。

ある子供が窓ガラスに貼った透明折り紙の形と色が床に映っています。**子供はそれに気付き「見て、見て」と、友達に話しかけています。**床に映った形や色を見ることによって子供たちは、また新たな活動を思い付いていきます。

子供たちは、図画工作の時間に発想や構想をしたり、創造的な技能を働かせたり、よさや美しさを感じ取ったりするなどの資質・能力を発揮しています。

図画工作科は、表したいことを思い付いたり、表し方を考えたりする発想や構想をする能力、それを実現する創造的な技能、そして、よさや美しさなどを感じ取る鑑賞の能力など、様々な資質・能力を高める教科です。

また、それらの資質・能力は、**他の教科等の学習で活用されるものでもあります。**例えば、創造的な技能は、他教科等で絵をかいたりものをつくったりするときの技能としても活用されます。

「できた!」「見て、見て」という声が至るところから聞こえてきます。つくり、つくりかえながら、自分にとって意味や価値のあるものをつくりだしていること、そしてそれが子供たちにとって喜びであるということがわかります。

具体的な作品をつくるだけではなく、作品などを

鑑賞して感じ取ることも、自分にとって意味や価値をつくりだしているのです。このように、十分に、**子供がつくりだす喜びを味わうことができる**ような指導が大切だということです。

また、これらの子供の姿は、形や色、イメージなどを用いたコミュニケーション能力を発揮している姿でもあります。それぞれの子供が、自分と友達の感じ方や考え方の相違に気付く時間にもなっています。

「そろそろ終わりにしましょう」先生が声をかけました。おどろいたような表情でまわりを見まわす子供、**「え？　もう終わり」「もうちょっと、やりたかったな」**と話している子供もいます。

床や壁、そして窓にも透明折り紙でできた形や色が表れ、いつもと違った空間になりました。最後に、透明折り紙を並べたり、つないだりすることで、どのような活動ができたか発表し、活動を振り返ります。子供たちは、みんなの前に出て来て実際にやって見せたり、つくったものを使って説明したりしていました。自分の思い付いた活動を友達に伝えたいという思いであふれていました。

教師の声や、授業の合間のチャイムに、おどろいた表情で周囲を見渡したり、「これ何時間目のチャイム？」と聞いたりする子供たちがいます。夢中になって活動していたのです。このようなとき、子供はもっている力を最大限に発揮していると考えられます。図画工作は、子供が自分の資質・能力を最大限に発揮し、**夢中になれる時間をつくりだすことができるのです。**

最後に、活動の振り返りをしていますが、この時間も含め、活動全体が、子供たちが**お互いのよさに気付く時間**になっています。教師が子供同士の関わりを大切にし、それぞれの子供のよさや思考の多様性を尊重することで、子供たちは人はそれぞれ違い、よさがあることに気付き豊かな人間関係を築くことができるようになります。

図画工作では、子供が感じ考え気付き、工夫して表現したり、鑑賞したりしています。その過程で、思考・判断する力等や、知識や技能を身に付けたりします。

教師は、その学習の過程に目を向け、子供が主体的に活動に取り組むことができるようにすることが大事です。

国立教育政策研究所が行った、平成二四年度の「学習指導要領実施状況調査」では、八割以上の子供が「図画工作の学習が好きだ」という質問に対し肯定的に答えています。平成一六年度の調査結果と数値はほとんど変わっていません。図画工作の学習は子供の好きな学習なのです。

もちろん、何かをつくったり見たりする資質・能力が高まるからということはあるでしょうが、それ以上に、自分の感じ方が大事にされ、つくりだす喜びを味わえ、友達同士でよいところを見付け合えるからなのではないでしょうか。ついつい、大人は得意なことが好きだと捉えがちですが、子供たちに図画工作科のことを聞くと少なからず「得意ではないけれど好き」と答える子供がいます。得意ではないけれど、好き。こう言ってもらえる教科なのです。

課題もあります。「学習指導要領実施状況調査」では、「表したいことを思い付くこと」が約二割の子供が苦手だということがわかりました。この点は早急に改善する必要があります。

テーマ、材料、方法、手順などを、全て教師が決めてしまっている題材では、子供の力は十分に伸びません。子供が自分で活動を決めたり、選択していったりする過程を大切にし、資質・能力を発揮できるような授業を行っていく必要があります。

先ほどの事例の子供たちは、透明折り紙を並べたりつないだりしながら、「もっと面白くできないかな、もっといい方法はないかな」と、活動や作品をよりよくしようとしていました。

それは、大きく捉えれば、**よりよく生きようとしている子供の姿です。そんな子供のための指導になっているのか、一人一人の教師が問い直すことが重要です。**

この、「よりよく生きようとしている」ことは、美しいものや優れたものに接して感動する、情感豊かな心である情操を養うことにつながっていきます。豊かな情操を養うことは、ずっと昔から図画工作科が大切にしてきたことなのです。

図画工作科とはどのような教科なのか、そしてその魅力を事例をもとに考えてみました。もちろん、活動を通して作品ができることも大切ですが、そのことだけを目標にしているわけではないことも、ご理解いただけたと思います。

次の章では、図画工作の指導を工夫することを通して伸びる教師としての力について、考えていきましょう。

Chapter

2

教師として成長する

こんな教師力が伸びる！

自分の指導を振り返り考える

ここからは、図画工作の指導を考えたり実践したりすることによって教師としての力が高まる！　ということについて、お話ししていきます。

図画工作科では、子供の資質・能力を育むための題材を、教師が決めて実践することができます。目の前の子供の実態を考えながら、その子供たちの資質・能力が高まるように授業を設定できるのです。

そのような授業において、深く学んでいる子供の様子を見ると、教師としての充実感に包まれます。作品として残ったものは、それらを見返すことで、実践することの喜びを何度も感じられます。

しかし、指導が思ったようにいかなかったときも、作品は残ります。自分の指導の課題が突き付けられるのです。例えば隣の学級に掲示してある作品と自分の学級の作品とを見比べ、指導力不足を痛感するということもあるでしょう。その意味では、図画工作科は教師にとって厳しいと感じることもある教科です。

そういうこともあり、作品を完成させることだけを目指して、子供にかき方やかく順序を示し、その通りにやらせてしまうことも起こるようです。

その気持ちはわからないでもありませんが、この場合、子供が学ぶことはどのようなことなのでしょう。「先生から指示された手順や方法でやれば、みんなと同じようなものができる」ということが大部分を占めます。しかし、これからの変化の激しい世の中で生きていく子供たちには「他者から指示された手順や方法で同じような何かができる」という能力だけでは、よりよく生きていくことは難しくなるでしょう。将来を見通した視点で、指導について考えることも必要です。

それと同時に、「なんてもったいないこと」とも思います。なぜなら、図画工作の指導に真正面から取り組むと、教師としての力がぐんと高まるからです。自分の指導から目をそらさずに向き合っていくと、授業は着実に改善されます。それは教師が自分自身と向き合う時間にもなるからです。しっかり足を踏ん張り、自分の指導を振り返り考えることが大事です。そのことを繰り返すことで、教師としての力が育ちます。

図画工作では、様々な教師としての力が育ちます。次のページからはそれを紹介しましょう。

育まれる教師としての力

1　情報を取捨選択する力

教師の仕事は多岐にわたります。それぞれの仕事には、自分で考え判断していく場面が多くあります。その際、様々な情報の中から必要な情報を選び、**よりよい方向性を選択していくことが極めて重要**になります。

図画工作の学習指導要領では、教師が目の前の子供の実態を踏まえ、よりよい活動をつくりだすことができるように、指導事項や扱う材料、用具等は示していますが、これをしなさい、という具体的な題材は挙げていません。

教師は、育成を目指す資質・能力を踏まえ、自分で題材を考えたり、教科書や各教育委員会などが作成している参考資料、地域の研究会の実践などから題材を考えたりして、実践していくことになります。

このとき、「この力をもっと付けたいからこの題材をやろう」「今、子供はこんなことに興味があるから、これに結び付けてこの題材をやったほうが効果的だ」などと考えたり、学校にある材料、時間、経験など様々な情報を考え合わせたりします。

これは、様々な情報の中から必要な情報を選び、子供によってよりよい方向性を選択していく教師としての力を培う場となります。図画工作の授業について考えることで、**教師の思考がアクティブになるとも言えるでしょう。**

2 ねらいが明確な指導をする力

図画工作科は、どのような資質・能力を育てるのか、授業の前にはっきりさせておくことが特に必要な教科です。

子供が主体的に活動する時間をたっぷりとる必要があるので、教師が話す時間というのは自ずと限られてきます。その短い時間の中で、全ての子供に学習のねらいを伝えなければなりません。活動が始まると軌道修正はむずかしくなります。事前に指導のねらいを十分に考え、明確にしておく必要があるというわけです。

ねらいが明確でない授業は、手順を示すことが中心になります。子供は教師の示した手順に沿って活動し、それはたいてい、創造的な活動にはならず、「作業」というものに近くなります。最終的に作品ができても「これでいいですか?」と先生に確認に来ます。つまり、自分の表現として成立しなくなるのです。

例えば、**「今日の授業のねらいは、○○についてじっくり考え、表したいことを見付けること」**とねらいを明確にすると、子供が鉛筆を止めてじっと考えている様子も、気付いたことを隣の席の友達に伝えている様子も、教師は「子供がじっくり考えている様子」として受け止めることができます。子供が、考える力を発揮する時間として保障されるのです。

3　子供たちの学習の質を捉えることのできる目

指導と評価は、表裏一体です。指導が適切だったかどうかは、子供の姿や作品から判断することになります。それには、**子供が感じたり考えたりしていることを、適切に教師が捉える「子供たちの学習の質を捉えることのできる目」**をもつことが重要です。

図画工作では、子供の活動の様子から、発揮している資質・能力がわかります。ですから教師は、子供の活動の過程に目を向ける必要があります。その際、子供の表情、手や体の動き、視線などに着目してみるとよいでしょう。子供たちが、友達と関わりながら学んでいることがわかります。

小学生は活動しながらつぶやくことが多くあります。そのつぶやきに耳を澄ませてみることも、子供たちの学習の質を捉える際には有効です。「いいこと考えた」は、つぶやきの典型ですが、「あ、そうだ」なども、何かを思い付いたその瞬間です。

子供の活動の様子に目を向けたり、声に耳を澄ましたりしていると、子供がじっとしているときも、深く考えているのか、行き詰まってしまっているのか、どちらなのかがわかるようになります。深く考えているときには、考えさせておきましょう。思考力や判断力が育っている時間です。しかし行き詰まっているときには、様子を見ながら指導をすることが必要です。子供と対話をしながら問題点を明確にすると、たいていは自分で解決する糸口を見付けます。子供がどのように学んでいるかという視点に立って、子供の姿を見るということが重要なのです。教師にこの力が身に付いてくると、他の教科等の時間でも、子供の様子から「今、発言したいと思っているな」「もう少し、全体に考える時間が必要だな」などと、授業のねらいと子供の様子を照らし合わせながら授業を進められるようになります。

このことにより、学習効果が上がることは言うまでもありません。

さらに、子供の活動をよく見る癖が付くと、授業準備のときに、子供の活動を想定して授業準備ができるようになります。

子供の姿を思い浮かべ、「ここに材料を置いておいた方がいいかな」「机は狭くないかな」など場所に関して考えたり、「水道が混むから、この順番で」などと授業の流れを考えたりできるようになります。授業の見通しが立つようになるのです。

「子供たちの学習の質を捉えることのできる目」をもつことは、図画工作の時間だけではなく普段の子供のちょっとした変化に気付くことができるようになることでもあります。子供の内面にも目を向けられる、そんな教師としての力が図画工作の指導を通して育まれるのです。

4 子供のよいところを伝える力

「学校の先生からかけられた一言が今でも心に残っている」という話をよくうかがいます。教師が覚えていなくても、子供は覚えているということは多いものです。特に、褒められたことはうれしくて心に残り、何度も思い返すでしょう。そういう瞬間や情景を大人になっても覚えていて、それが心の支えになるということもあります。

教師は、子供のよいところを見付け、それを伝えるようにすることが大切です。「見てたよ！」「さすがだね、○○君」と言うだけでも、教師のその表情で、子供には伝わります。教師がそう伝えることで、子供は安心して学習に取り組むことができるようになります。

図画工作では、それぞれの子供の感じたことや思ったことが大切にされます。ですから、子供が感じたことを「そういうことを感じたんだね」と受け止めながら伝えることが多くの場面でできます。感じ方はそれぞれでよいのです。「あなたはこんなふうに感じたんだね」。それは、子供をまるごと受け止めていることと同じです。

それがむずかしいという声も聞きますが、まずは「赤い色にしたんだね」「そういう形にしたのね」というように、子供がしていることをそのまま返してあげることから始めてみましょう。それを積み重ねることでだんだんと、その子供のよいところ、がんばっているところを見付け、子供に伝えられるようになります。

このように図画工作の時間は、教師として子供のよいところを見付け、子供に伝えられるようになる力を高める、子供への声かけがうまくなる貴重な時間なのです。

「声かけ」としましたが、教師の思いは言葉だけではなく、しぐさや行動にも表れるものです。うん、とうなずくだけで伝わることもある。そういうことをも含めて、子供に伝えるということが大切なのです。

図画工作で声かけがうまくなると、他教科等の学習でもそれが発揮されます。ついつい、注意するところに目が向きがちですが、よいところを見付けるようにすることが大切なのです。

5　学級経営の手腕

学校での学習は、集団で行われます。一人一人の力が発揮され、お互いに高め合う集団であることが、とても大切です。学級内の雰囲気のよさやよりよい人間関係が、子供たちの豊かな学びや充実した学級・学校生活につながっていくことは言うまでもありません。よりよい人間関係をつくれば、学習の質は高まります。逆もあります。自分の活動だけではなく友達の活動にも目を向けることのできるような学習をすることによって、よりよい人間関係が構築されていきます。

図画工作の時間では、それが顕著に表れます。いつも共に行動する気の合う仲間だけではなく、あまり親しくない友達とも形や色などを介して関わり合い、新たな人間関係がつくりだされます。全国の先生方から、「図画工作の授業をすることによって、子供同士の関わりが深まった」という声をよく聞きます。例えば、私が編者である『子どもスイッチON!!　学び合い高め合う「造形遊び」』（東洋館出版社）の中にある実践事例から、実感のこもった先生方の声をいくつか紹介します。

・一人ではできないことを友達と力を合わせて取り組み、問題をクリアする姿が見られるようになった。
・自然と感じたことを伝え合うことや協力することができるようになり、友好な人間関係を築くことができた。友達のよい行いに気付く子供も増えた。
・友達のよさをさらに認め合えるようになった。図工は、友達との関わり合いの幅を広げ、学級経営に深く役立っていると感じた。
・図工を通して、この学級は集団として成長してきたように思う。学校や学級は安心して自分を表現してよい場であり集団だという思いを子供たちがもてた。
・子供たちは、笑顔が増え、積極的に話して活動したり、友達とのよい関わりをもったりすることも多くなった。

図画工作を通してこのような集団をつくりだすことができるのです。

そして、**自分自身も大切にしながら、友達も大切にするという、生きる上でとても重要なことを、活動を通して子供自身が学ぶことができるのです。**

6 自分自身を冷静に振り返る力

教師は、子供の学習評価をするのと同時に、自分の指導の振り返りを行っています。図画工作では、教師の指導が子供の活動や作品にリアルに反映されます。そして、子供たちの学びが作品として残ります。

しかし、子供の資質・能力がどのように高まったかを、自分の指導との関係で見られないときもあります。それは、授業をすることに慣れてくると往々にして見られます。

「うちの学級の子供は、生活経験が少ない子供が多いから、発想する力がなくて」などと、つい口にしてしまうこともあるでしょう。

教師の指導が子供の活動や作品にリアルに反映されることに耐えられず、育成を目指す資質・能力も考えずに、「どうかけばよい作品ができるのか」ということを求めて画一的な指導をしてしまうこともあるでしょう。**「みんな同じようにできた」という、一見教育的に聞こえることの裏には、このような教師の大変さがある**のだと私は感じています。そう考えると、それは一生懸命図画工作の指導に向き合おうとする教師が最初に陥ることなのかもしれません。

しかし、うれしいことに、画一的な指導に対して「どうもおかしい。これで子供の資質・能力が高まっているのだろうか」という疑問をもち、図画工作の本質に迫っていこうとする先生方が増えています。他の先生から「そっくりにかけて、すごいわ」「写真みたい」と褒められても、指導のねらいに照らし合わせて**「写真のようにかくことが、めあてではなかったんだよな」などと振り返る、冷静な心をもつことができるようになったという声も聞かれます。**

「この教科で育てる資質・能力は何なのか？」という問いに戻り、日々踏ん張っていくしかありません。自分の指導から目をそらさず、冷静に振り返る。これしかないのです。

7 感性や創造性

ある学校であった研究大会でのことです。校庭に、ビニールシートを貼り合わせた大きなドームがありました。一つの学級の子供たちが入れるくらいの大きなものです。外側には魚の絵が貼ってあり、中に入ると人の動きでビニールシートが揺らぎ、本当に水の中にいるようでした。

私はその様子をビデオで撮り、講演の中で先生方にお見せしました。そして、「このビデオで見て、『あーそんな感じね』と思わないで、実際に入って感じてくださいね」と、お話ししました。

といっても、先生方はお忙しいので、数人入って感じていただけるだけでもいいやと思っていたのです。しかし、講演後に校庭を通ると、おどろいたことにそのドームのまわりに先生方の列ができていました。どの先生方も、うれしそうな笑みを浮かべてビニールシートのドームの中から出てきます。その光景を見て、私はとても感動しました。

生きていく上で大切なことはたくさんありますが、感性や創造性もその中の一つです。感性は、学習指導要領にもある通り様々な対象や事象を心に感じ取る働きであるとともに、知性と一体化して創造性を育む大切なものです。**教師も、自分の感性を働かせる、磨く機会をもつことが大事です。**わかったつもり、知ってるつもりにならないで、ビニールシートのドームに入ってみた先生方のように実際に見たり、触れたりすることです。

私たちは常に何かを手にしたり、見たりしています。そのとき、**「もうちょっとよく見てみる。もうちょっとよく触ってみる」ことを大事にする。自分の感じ方を大切にして生きていくということは、人の感じ方も大切にするということです。**その経験が、大人にも子供にも大切で豊かな人生につながっていく。私はそう思います。

8 保護者や地域の方とよい関係をつくる力

教師にとって、子供との関係と同じように、保護者や地域の方との関係も大切です。それには、風通しのよい関係をつくっていくことが重要になります。

図画工作では、子供が様々な活動をしています。子供の活動の様子をよく見てさえいれば、保護者に話すことはたくさん見付かります。**保護者に対して作品を見せながら、子供の活動の様子や、友達との交流の様子を伝えてみましょう。保護者はそういう話も聞きたいのです。そして安心します。**そこから友達関係の話や、他の教科等での学習の様子などに話を発展させることもできます。何と言っても、教師が日常的に子供をよく見ていることを伝えるには、図画工作での子供の様子を伝えることはもってこいなのです。

保護者は家に帰って「こんな作品、つくっていたね」と子供に話をすることができます。交流を深めることにも役立つのです。

実は、このことを、私はある地域の方から教わりました。

私は教員時代、図工室の廊下の壁に作品を展示していました。放課後、地域の方がいらっしゃり、ぐるりとまわって行きます。手にはメモ帳を持っていました。そして一通り見終わると、さっと帰って行きます。私は図工室と廊下を行ったり来たりしながら、「何を書いているんだろう?」と、なんだか不安な気持ちになっていました。ある日、気になって何を書いているのか聞いてみました。そうしたら、「地域の登下校の見まわりのときに子供に声をかけるのですが、そのときに**『図工でこんな作品、つくっていたね』と言うと、子供がうれしそうな表情をするんです。**例えば『○○君、図工で野球の作品つくっていたね、いつも野球がんばっているしなぁ』という具合に声をかけます。図工の作品は私たちにもよくわかるので、いいのです」と教えてくださいました。

図画工作での活動や作品が、保護者や地域の方から子供に声をかけてもらう一つのきっかけになる。共に子供を理解し、育てていくことになるのです。

9　子供の活動を予測する力

子供との関係がうまくいくようになると、余裕ができ、ますます子供の活動の様子を見ることができるようになります。様々な子供の活動の様子から、人間には様々な感じ方や考え方があると教師は実感して、一人一人の子供をますます尊重するようになるでしょう。

そして、「次はこうするかな」と予測しながら見ることもだんだんとできるようになります。

子供の表情や視線などを見ていると、それがわかるようになるのです。

子供の様子から、「違う材料を取りに行くかな？」と思った次の瞬間、その子供が立ち上がって違う材料を取りに行ったときは、とてもうれしいものです。それは、予測できたうれしさというよりも、**その子供と身を重ねることができたという感じのうれしさです。**

そうは言っても、もちろん、予測できないことも多いのが、図画工作の時間です。予測できるようになるということと相反することではないのですが、子供の創造性が発揮されている授業では、**「うわぁ、そんなこと考えたの？　思いも付かなかった」というおどろきの連続です。**

そして、教師が感嘆の気持ちで子供に伝えたり見たりするのは、最大の賛辞です。

このように、様々な教師としての力が図画工作科を通して身に付きます。

さて、次は活動の流れに沿って指導のポイントをご紹介します。

図画工作の指導を通して教師に付く力

子供のよいところを伝える力

ねらいが明確な指導をする力

情報を取捨選択する力

学習の質を捉えることのできる目

図画工作を通して教師も成長する

自分自身を冷静に振り返る力

感性や創造性

学級経営の手腕

保護者や地域の方とよい関係をつくる力

子供の活動を予測する力

Chapter

3

子供が夢中になる！
指導のヒント

表現したものはその人そのもの

ここからは、指導のポイントをお話しします。

授業は、そのときだけで成り立っているわけではありません。指導計画を立てたり、材料や場所について考え準備したり、片付けまで含めて「授業」です。題材がよければどうにかなると考えがちですが、決してそうではありません。トータルで考えていく必要があります。私が指導していた実感としては、「こういう作品ができるだろう」という完成作品のイメージが強すぎる題材では、その子供のもっている力を十分に発揮させてあげられないということがあります。しかし、そういう題材に限って「一見、よく見える」のです。でも、廊下に並んだ作品はだいたい同じ。子供たちは、あれだけ感じていることや考えていることが違うのに。「子供っていろいろ考えるんだな」「〇〇ちゃんらしい作品だな」などということが感じられないのです。

ここから脱するには、学習のねらいを明確にして実践し、**子供の姿から「子供たちの学習の質を捉えることのできる目」をもつことです。**

また、指導や評価、教師の声かけのことを考えると、必ず思い出すことがあります。ある大学の先生からうかがった話です。

その先生が指導していたある大学生は、小学生のときに、水槽に入っているザリガニをかいたそうです。水槽の中に何匹もいたので、たくさんザリガニをかきました。その絵を先生のところに持って行ったら、「ザリガニが、うじゃうじゃいて気持ち悪い」と言われたそうです。だから図画工作は苦手と思っている、ということでした。もしかしたら、何か別の授業のねらいがあって、ザリガニを大きくかく必要があったのかもしれません。しかし「うじゃうじゃいて気持ち悪い」はないでしょう、と思うのです。子供の「わぁ、ザリガニがたくさんいる。この様子をかきたい」という思いは、どこに行ってしまうのでしょうか。

図画工作がどうも苦手で、と思っている大人から話を聞くことも多いのですが、「実は小学生のとき、緑の山をかいていて、色を何度も重ねていたら黒っぽくなってしまって、先生に『なに真っ黒な山をかいているんだ』と叱られた」といった、教師の指導や声かけにまつわるものが圧倒的に多いのです。

表現したものは、その人そのものだということを心に深く刻む必要があります。

その上で、指導の工夫や声かけについて考えていくことが大切です。

指導のポイント

1　指導の計画を立てる

指導計画には、年間の指導計画、題材の指導計画、その日の授業の指導計画などがあります。

①指導のねらいを明確にする

まずは、学習指導要領を見てみましょう。学習指導要領は、学校が教育課程を編成する際の基準となるものです。これによって、全国どこでも一定の水準の教育内容を受けることができます。

学習指導要領には、それぞれの教科等の目標、各学年の目標及び内容などが示してあります。教科の目標には、図画工作科でどのような資質・能力を育てるのかが示してあります。各教科等の目標と見比べてみると、より図画工作科の教科の特性がよくわかります。各学年の目標は、第一・二学年、第三・四学年、第五・六学年に分けて示しています。子供の発達の段階を踏まえて示しているので、教師が学年の目標を理解することにより、子供が自分の力を思いきり発揮できるようになります。

そして内容です。具体的にどのような内容を指導するかを示しています。それから、指導計画の作成と内容の取扱いについても示しています。

これらに基づき、その題材でどのような資質・能力が育つかを考える、すなわち指導のねらいを明確にしましょう。

「今日は色塗りを終わらせる」というのは学習の流れの目安であり予定です。例えば、「今日は絵の具を使って表し方を工夫して表す」としたら、資質・能力を育成する指導のねらいとなるでしょう。これはどちらも大事なことなのですが、この二つを混同しないようにしましょう。

何を指導するかを明確にしていくことで、指導の見通しをもつことや過度な指導や放任を避けることができます。

②子供がこれまでの経験を生かすことのできる題材を考える

「こんなこと、子供とやってみたい」と、題材をひらめくときがあります。その際、育成を目指す資質・能力と照らし合わせるとともに、**子供が自分の経験を生かすことができるか、身に付いている資質・能力を発揮できるか**などを考えましょう。それには、子供がこれまで、どのような経験を積み重ねてきたのかを知り、そのこととのつながりを考える必要があります。

各学校では、年間指導計画を立てていると思いますので、それを見ることで予定されていた計画についてわかります。しかし、あくまでもこれは「計画」です。実際にどのように実施されたかは、わかりません。

そこでおすすめしているのが、実際に行った題材の目標、材料や用具、総時間数をコンパクトにまとめてファイリングしておき、職員室で保管するというものです。ファイルには「平成○年度入学」と書いておけばわかりやすいでしょう。教師はそのファイルを見ながら、これまでの子供の経験を知り、それを生かすことのできる題材を設定できるというわけです。

他にも様々な方法があると思います。ぜひ各学校で工夫してみてください。

③バランスよく配置する

いつも絵、いつも立体など、「いつも○○」では、子供の資質・能力はバランスよく育ちません。図画工作では、材料を基に表したいことを思い付き表現する造形遊びの活動と、感じたり想像したりしたことから表したいことを見付け、絵や立体、工作に表現する活動は、それぞれ特徴があり、その二つの側面からアプローチすることにより、子供の資質・能力が育まれるのです。ですから、例えば造形遊びをしたり、絵の具で絵をかいたり、粘土で立体をつくったり、木で工作をしたりするのです。また、いろいろな活動をすることは、子供にとって楽しみでもあり、喜びでもあります。

鑑賞の活動でも同じことが言えます。自分たちの作品だけではなく、美術作品なども、発達の段階を踏まえ、鑑賞の対象にしましょう。

平成二四年度「学習指導要領実施状況調査」では、鑑賞の対象別に子供の鑑賞の能力を調査しました。その結果は、自分たちの作品の鑑賞はできるのですが、我が国や諸外国の親しみのある美術作品、暮らしの中の作品については「自分たちの作品の鑑賞」と比べて、一部課題が見られました。

何事もバランスが大事、と言いますが、まさに図画工作でもバランスよく指導することが大切です。

指導の計画を立てるコツ

POINT ① 指導のねらいを明確にする

どんな力を
育てたい？

学習指導要領は、教育課程を編成する際の基準となるもの。学年の目標や内容をよく確認し、それらに基づいて、その題材でどのような資質・能力を育てたいのか明確にしましょう。子供の実態をしっかり把握できていれば、それに見合った具体的なねらいが設定できるでしょう。

POINT ② 子供のこれまでの経験は宝物

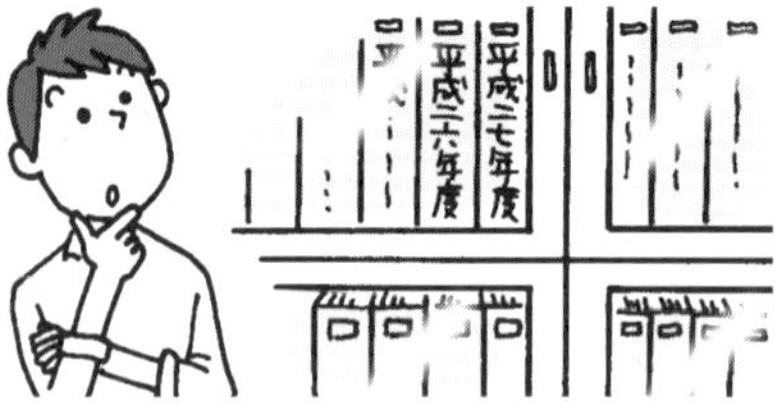

これまでの子供たちの姿は…

子供たちが、これまでどのような経験をしてきたのか。これまでの図画工作の授業での経験はもちろんのこと、各教科等で学んできたことも生かせるように、例えば学んできたことをファイリングしておくなどができたら、より一層充実しますね。

POINT ③ 「バランスよく」配置する

いろんな活動を！

「いつも絵」「いつも立体」ではもちろんNG。材料を基に思い付き表現する活動も、感じたことから表したいことを見付けて表現する活動もどちらも大切。Chapter 4 の事例を、ご参照ください。

2　材料や場所の準備をする

図画工作科は、活動を通して学ぶ教科です。それには事前に材料や用具、場所などについて考え、準備する必要があります。行き当たりばったりでは、子供の資質・能力を十分に高めることはできません。丁寧に準備することで、授業の質もぐんとアップします。

①じっくり準備して余裕をもつ

図画工作では、材料や用具を使うので準備が必要です。学校の先生は忙しい。忙しいけれども、先を見通して準備している教師がたくさんいます。じっくり準備すると気持ちに余裕ができます。

子供が持って来るものに関しては、**どの家庭でも用意できそうなものにするなどの配慮とともに、早め早めの連絡が必要です。**

材料は、子供が試行錯誤できるだけの量があるかどうか確認しましょう。図工室から用具を借りたり取りに行ったりする場合は、前日までにします。授業中に用具を借りたり取りに行ったりすることは、子供の安全を考えても避けたいものです。

学年で学習内容や指導時期をそろえている学校が多いと思いますが、例えば、共用絵の具をカップに入れて用意し、台車などに乗せて運べるようにしておき、一・二時間目は一組が使い、三・四時間目は二組が使うなどの工夫をしている学校もあります。

例えば、一〇月に三年生で版画を行ったら、四年生が次の一一月に版画を行うことができるような年間の計画を組むといったように、指導時期を少しずらすと、インクやローラーなどの版画の用具は図工室に出しておけるということもあります。他の学年の先生と連絡をよく取り合って、進めるとよいでしょう。

危ないものなどは鍵のかかる場所に保管する、数を確認しやすくしておくなど、安全には十分な配慮が必要です。

② 地域や学校にある材料にも目を向ける

図画工作の表現の活動では、材料が必要です。その材料はどのように用意していますか？集めた教材費でまとめて買う、子供が持って来るなど、様々でしょう。

しかし、学校にも使える材料はたくさんあります。例えば、落ち葉、土、小石なども材料になります。地域に声をかけると、たくさんいただけることもあります。間伐材や発泡スチロールの端材をいただいて、図画工作の活動の材料としている地域もありました。

地域に声をかけて、そして取りに行って、というのは一苦労かもしれませんが、そうすることにより子供の活動が豊かになるのなら、年に一回ぐらいは、そのようにして材料を調達してもよいかもしれません。

他の学年の家庭にも声をかけて、材料を集めている学校もあります。お金がかからないという利点もありますが、何よりも、家庭や地域社会とのつながりをもつことができます。子供が地域社会に目を向ける機会にもなります。

それから、**何かを見て「これは図画工作で使えるかもしれない」と思うことは、豊かな創造性につながります。**子供にもそのような機会を設定するとともに、教師もその視点で身のまわりを見るようにするとよいでしょう。案外楽しいものです。

材料や用具を扱う教科では、忘れ物については常に考えなければならないことです。これは、子供や家庭の実態により様々な対応が求められます。持って来られない事情もあるかもしれないという配慮もしながら、忘れ物がないよう指導することが大切です。

③ 場所や場の設定を考える

図画工作の授業は、様々な場所で行うことができます。例えば教室、図工室、机のない空き教室、体育館、校庭、中庭などが考えられますが、指導のねらいに合わせて、活動場所を考えましょう。場所が変わると気分も変わり、学習意欲が上がるということもあります。

安全に配慮して活動場所を考えることも大切です。特に、校庭などで行う場合は教師の目の届くところまで、など活動範囲を決めておくとよいでしょう。

共有する材料や用具の置き場所を子供の立場で考えることも、子供の資質・能力を高める上で大切です。全員が取りに行きやすい、使いやすい場所はどこなのか、子供の動きを想定して考えましょう。子供の動きがつかみにくいときは、**実際に子供になったつもりで材料や用具に触れたり、その場所に座ってみたりするとよいでしょう。**子供は、材料や用具を取りに行く途中や帰りに、友達の活動や作品をよく見ています。このことも考慮するとよいでしょう。

また、中学年や高学年の造形遊びを広い場所で行う場合は、少し離れたところに材料や用具を置き、取りに行く際に、自分たちの活動の全体像がつかめるようにすることなども考えられます。

それから、子供が片付けをしやすいように乾燥棚を用意したり、教室の後ろの棚の上を空けておいたりするなど、事前にやっておくとあわてずに済みます。

材料や場所の準備のコツ

POINT ① 早め早めの準備で余裕！

次の図工の
授業の持ち物は…

彫刻刀などの危険なものは
鍵のかかる場所へ

POINT ② 地域の方とのチームプレー

それあげるよ
ありがとうございます！

地域の方も、子供のつくりだすものに注目しています（cf：p.33）。声をかけると様々な材料をいただけることも多くあります。これを機に地域の方との連携を充実させ、子供たちにとってよりよい環境をつくっていきましょう。

POINT ③ 図画工作ができる場所はいっぱい！

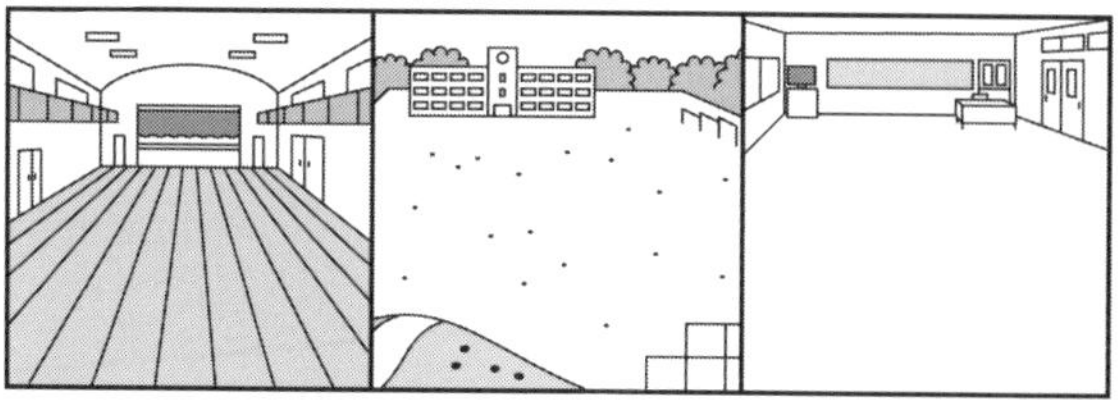

体育館
校庭
空き教室
...etc.

3 さあ、授業【導入】

子供は、「今日はどんなことができるかな」と、期待をもって授業に臨みます。造形遊び、絵、立体、工作、鑑賞といろいろなことができるのも図画工作の楽しいところです。

① 導入は端的に 言葉を吟味する

授業の導入は、子供が活動に関心と見通しをもつ大事な時間です。指導のねらいを明確にして、言葉を吟味し端的に、そして「子供たちはどんなことを思い付くのかな」と、**教師もわくわくする気持ちで行うことが大切です。**

授業の内容によっては、導入に時間がかかってしまう場合もあります。しかし、導入が長くなってしまうのは、指導のねらいがあいまいな場合が多いようです。指導のねらいを明確にすると言葉を吟味できます。板書も活用できるようになります。ねらいが子供に伝われば、指示的な指導は最小限で抑えられます。

また、**「教師が何をやって見せ、何をやって見せないか」について考えることも大事です。**必ずやって見せなければならないことは、安全に関わることです。カッターやのこぎりなどの刃物を使う場合は「使ってごらん」というわけにはいきません。このような用具は、使っていくうちに慣れていくものですが、最初はある程度、教師がやって見せる必要があります。「カッターの刃はこれぐらい出す。手前に引くと切れる。カッターマットを使うと切りやすく、机に傷が付かない。切る方向に手は置かない。人に向けない」など、話しながら具体的にやって見せることが効果的です。掲示物で示している学校も多くあります。

同じように、**「参考作品を見せるか見せないか」について考えることも大事です。**子供のどのような資質・能力の育成を目指すのか、参考作品の提示が何を目的にしているかを考えるとよいでしょう。

特に、「発想や構想の能力」を育成する場面での参考作品の提示は、慎重に考える必要があります。子供の発想や構想する機会を、参考作品を見せることで奪ってしまうこともあるからです。

子供を信じて、子供が力を発揮できるような指導を考えていくようにしましょう。

② 子供が見通しをもてるようにする

どの題材の授業においても子供が見通しをもてるようにすることは大切です。**子供が「見通し」をもつためには、まずは教師が活動の見通しをもつことです。**このとき全体の時間数や流れだけではなく、「今週、木工用の接着剤で木片を付けておけば、来週には固まった状態で色を付けやすくなる」などと次の週の活動の内容などについて考えることも大切です。子供はそのような経験を経て、だんだんと自分自身で見通しをもち、計画が立てられるようになっていきます。

時間の提示をすることも、子供が見通しをもつ上では大切です。低学年の子供でも、だいたいこのくらいの時間をかけていいのだ、ということがわかった上で活動する方が、資質・能力を高める上で効果的な場合もあります。黒板に書いておき、いつでも見られるようにしている学校も多くあります。

また、図画工作は片付けに時間がかかります。そこが、他の教科等との大きな違いです。個人差が大きいところですが、教師の想定していた片付けに充てる時間内で大多数の子供が終わらない場合は、教師の読みが甘かったということです。その場合は、指導計画を見直す必要があります。

③ 安全指導は忘れずに

図画工作では材料や用具を扱うので、どんなに注意していても怪我をすることがあります。しかし、指導によって避けられる怪我はあります。

例えば、彫刻刀は刃の進む方向に反対の手を出さなければ、怪我はしません。持ち方を教えるときに、怪我をしてしまう原因を示し、具体的に指導するとよいでしょう。椅子に浅く腰かけると、椅子は倒れやすくなります。転んだときに顔を切ってしまうかもと教えておけば、子供は注意します。頭で理解することも重要です。

子供たちは、活動に集中していればいるほど、「休み時間もやりたい」と言いがちです。しかし、そばで友達が歩いている中で、カッターや彫刻刀を扱うことは危険です。「休み時間は、全員が彫刻刀を箱の中にしまってから」などと、約束を決めるとよいでしょう。これは一例ですが、**理由をしっかり説明することも安全指導では大切です。**

さあ、授業！　導入時のコツ

POINT ① 端的に授業のめあてを伝える

今日の図工では、
こんなことを
工夫しよう！

授業の導入時には、授業の「めあて」を明確に子供たちに伝えます。説明過多になっては、子供の発想するチャンスを奪いかねません。p.40を参考に指導計画を練ったら、それをあくまでもシンプルに伝えましょう。

POINT ② 子供が見通しをもてるスケジューリング

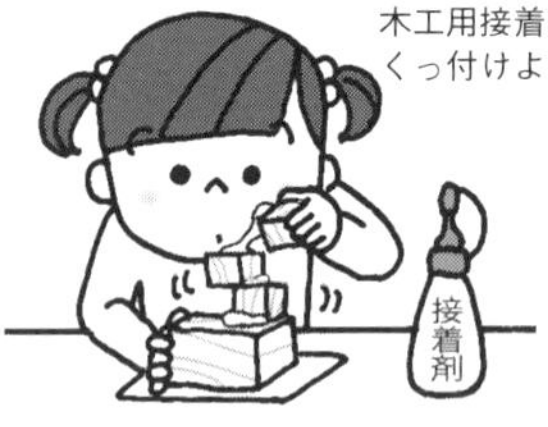
今日は木と木を
木工用接着剤で
くっ付けよう…

１週間後…

POINT ③ 安全に関する指導は確実に！

正しい彫刻刀の使い方

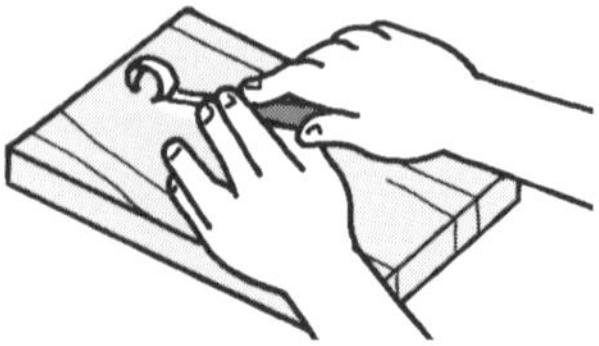

深く腰かける

4　授業中には…【展開】

子供たちが活動を始めました。導入も終わりほっと一息なのですが、ここからも重要です。

①資質・能力を発揮するチャンスを奪わない

まずは、子供が資質・能力を発揮するチャンスを奪わないことです。例えば、発想や構想する場面では、子供が表したいことを見付けたり、表し方を考えたりする場面なのだと常に教師が捉えておくことが大切です。

最初から**教師が考えたアイデアを何もかも提示して、子供から考えるチャンスを奪う必要はありません。**「こんなこと見付けたよ」「僕が考えたよ」などの声を待ち、それに共感すること。その環境を整えることが教師の仕事です。

教師が何から何まで指示をして、一見充実したような作品ができあがる授業もあります。逆に、放任しているつもりはないのでしょうが、結果的にそうなってしまっている授業もあります。

また、過度な指導を恐れてしまうゆえ、適切な指導ができないということもあります。

「指導過多だったな」「放りっぱなしにしてしまったな」というのは、子供の活動の様子に目を向けるようにすれば、自分でわかります。廊下に絵を貼って、他の先生方から素晴らしい指導だと言われても、ご自身で引っかかるところがあれば、それはおそらく課題があります。恐ろしいのは、それに気付かず一つの型だけで指導を続けてしまうことです。一つ深呼吸して考えてみましょう。

その指導、本当に子供のためになっていますか？

②子供が共に学び高め合う視点で指導を考える

子供たちは、学校で関わり合いながら様々なことを学んでいます。図画工作科においてもそれは同じですが、それぞれの子供が、自分にとっての意味や価値をつくりだしていくことが重要な教科ですので、友達と関わり合い、多様性を感じることは特に大切です。

子供同士が関わり合いながら学ぶことができるように、場の設定をしたり、グループ活動を取り入れたりするなど、様々な工夫をしましょう。

そこでは、言語活動をどのように設定するかを考える必要があります。図画工作科において、言語活動は、発想や構想をする場面や、作品などからよさや美しさを感じ取る場面で設定します。しかし、言語活動ばかりで、子供が実際に活動する場面が少なくなってしまっては本末転倒です。言語活動が効果的に働く場面で、設定することが大切です。

③子供の活動の様子と作品などから資質・能力を捉える

授業中は、子供の活動の進度を見るだけではなく、子供の活動の様子をよく見る時間にしましょう。子供の発揮している資質・能力を捉えることができるようになります。

子供の活動の様子とは、子供の表情、手や体の動き、行動などのことです。**よく見ると、「今考えているな」「用具の使い方を工夫しているな」など、完成した作品からはなかなか読み取れないことがわかってきます。**

作品の過程を追うことも、同じように子供の資質・能力を捉えることができます。そして、記録を取っておくことも大切です。

完成した作品からも、そのときの子供の様子は思い出せるのですが、人間ですから全ての子供の様子を思い出すのはむずかしいことです。そうすると、活動の様子を思い出せた子供と、思い出せない子供が出てくることになります。思い出してもらえた子供はラッキー、だけど、思い出してもらえなかった子供は…？

やはり、その時間の子供の様子をよく見て記録しておく、その授業のねらいに基づいた評価をしておくことが大事です。といっても、図画工作の評価はむずかしいという話はよく聞きます。しかし、教師は実は子供のことをよく見ています。私は何度か研究授業終了後に、指導案にある評価規準をもとに評価をしてもらっていますが、たいていの先生が四～五分で評価をすることができます。

評価はむずかしいと思いこまずに、**子供のよいところを発見する気持ちで**自信をもって臨んでほしいと思います。

よく見ることを積み重ねると、少しだけ子供の行動が読めるようになってきます。「次はこうするだろうな」と思って見ていて、その子供がそうしたときはうれしいものです。このことは、子供の様子を思い浮かべながら授業の準備ができることにもつながっていきます。

授業中、子供を輝かせる教師になるコツ

POINT ① 子供が考えるチャンスを奪わない

POINT ② 共に高め合えるような設定を！

⇒ 例えば
こんな事例
：p.156

POINT ③ 記録上手な教師になる！

5　授業中には…【終末】

①どう終わらせるかは、どう始まるかにつながる

授業の最後、どう終わらせていますか？「はい、片付けて、終わった人から休み時間！」ということもあるとは思いますが、この時間を学習の振り返りの場にすることにより、子供が学びの実感をもつことができます。子供に、どんなことが楽しかったのか具体的に聞いてみると、子供の学びがわかるだけではなく、学びが自覚される振り返りの時間になります。「粘土を触りながら、何の生き物にしようかなと考えることが楽しかった」「友達が工夫をしたことについて話を聞くのが楽しかった」「くぎをどんどん打って形にするのが楽しかった」など、たくさん答えてくれます。どの子供も、「やってよかった」という思いにあふれています。どう終わらせるかは、次の図画工作の時間がどう始まるかにつながります。**「やってよかった」という思いは、次の時間の「さあ、やろう」につながるのです。**

しかし、なかなかその時間がとれないのが現実です。短い時間で一人一人が、自分の活動を振り返ることができる手立てを考える必要があります。ある学校では、活動の様子をデジタル

カメラで撮っておいて、終わりの時間にそれをテレビで流していました。子供たちは、片付けをしながらそれを見て、そして学習カードに振り返りを書いていました。

それから、授業が終わってから友達の作品を見に行ったり、教師のところに行って、発言できなかったことを伝えたりしている子供の姿を見ることもよくあります。余韻を残して終わることも情操を養う教科には大事なことです。

②終わらない子供への手立て

図画工作科は、それぞれの子供が、「終わり！」というところまでやりきって終わりになる教科です。そこが、ものをつくる活動の一つの特徴であり、子供にとって貴重な学びです。

しかし、一人一人の子供の取り組む速度には違いがあります。活動時間を示したとしても、子供によっては時間内に終わらないこともあります。

「やりきる活動である」と同時に、「取り組む速度の違いがある」という面があるということは、休み時間や放課後に続きをする子供が出てくるということです。欠席をした子供も同じです。しかも、ゆったり進めるタイプの子供は、他のこともゆったりと進めることが多い傾向にあるので、休み時間がつぶれてしまうということもよくあります。

それを改善するには、題材と題材の配列の工夫が必要です。例えば、何枚もかいたりつくったりできるような題材を合間に設定すれば、何枚もかく子供、一枚をじっくりかく子供がいてもよい状況が生まれます。子供が資質・能力を育成する視点からは問題ありません。そのような題材を、年間指導計画を考えるときに位置付ければ、ゆったり進めるタイプの子供はそこで進度を調整できます。**みんなと一緒に終わった、という思いをもつことも大事にしたいことです。**

③片付けを工夫する

図画工作は、片付けも含めての学習活動です。当たり前ですが、まずは自分で使ったものは自分で片付けられるようにする、それには低学年からの積み重ねが大切です。

教師側の工夫も必要です。絵の具の道具などの片付けは、廊下が水浸しになることもあり、すべると危険です。長いタオルを二〜三枚用意しておき、絵の具のパレットや水入れを拭くようにしている学校もありました。班ごとに使う用具をかごに入れて渡し、そのかごごと片付けている学校もありました。これだと、そのまま他の学級でも活用できます。

造形遊びは、片付けが大変だという話を聞くことがあります。それは、先生が一人で片付けているのではないでしょうか？　**みんなで活動して、みんなで片付けることが大切です。**

どういう手順で片付けるかを子供に考えさせるのもよいでしょう。大人もそうですが、子供は自分で決めたことには一生懸命取り組みます。片付けも教育の場です。

子供が学びを実感する授業の終わり方のコツ

POINT ① 教師は、インタビューの名手であれ

どんなところが楽しかったの？

あのね、組み立てる
ところがね…

デジカメをテレビにつないで上映！

POINT ② たまには、みんな一緒に終わる

遊びに行こうぜ！

いつも、終わらないなぁ…

POINT ③ きれいに片付けるまでが学習です！

ふきふき…

使ったものはきれいにね！

声かけのポイント

1　学びを深める教師の声かけ

　ある授業を参観したときのこと。先生が子供たちを集めて材料を紹介しながら話をしています。その先生はとても緊張していて、少し声が小さめです。しかし、子供たちは耳を澄ましてよく聞いています。途中、言葉が詰まってしまう場面がありました。話をよく聞いていた子供たちは、先生の思考と自分の思考を重ねていたのでしょう。先生の言いたかった「○○？」と発言しました。先生は「そうなの○○」と引き取りました。子供たちの表情はやわらかく、先生もやっと笑顔を浮かべました。

　私は、子供とその先生がつくりだす、この雰囲気は何だろう？　と思いました。そして授業を見ていきました。そこで発見したのが、先生の子供への声かけです。

その先生は一人一人の子供に、その子供の思いを汲んだ声かけをしているのです。**「そうか、○○さんはそう考えたんだね」「それは先生は思い付かなかったな」「もっと違う方法があるかもしれないねえ」**。

教師の声かけが一人一人の学びを深めているのです。

声が小さくてもいい、言葉に詰まってもいい、と言っているわけではありません。たとえそういう状態になっても、日頃の指導での子供とのやりとりが表れる、ということです。

図画工作の場合には、個に応じた声かけが指導としての大きな意味をもちます。子供は、教師と対話し、考えたことを受け止めてもらい、活動をさらに深めていきます。

2　様々な声かけ

子供の活動を見たときに、何を考えているのか、何を感じているかを察知し、それに応じて声かけをしていくということが重要です。

子供の表情、しぐさ、つくっている作品、言葉などから、発揮している力を見ていきます。

その上で、**子供が、今、がんばっているところに対して声をかけることが有効です。**

子供に対する言葉のかけ方は、それぞれの教師と子供の間の関係が成立していれば、基本的にはどのようなものでもよいのだと思います。大切なのは、表現したことやものは、子供自身でもあるので、しっかり受け止めることが重要だということです。

子供は、先生に声をかけられたことをしっかり覚えています。

では、どのような声かけが有効なのでしょうか。例えば次のような声かけが考えられます。

・**「どんなイメージなの？」**⇒イメージだから、実際にどう見えるか問われているわけではない。
・**「どこから見るといいかな？」**⇒「ここから」と、方向だけ示せばよく、自分の作品を見直すきっかけになる。
・**「どういうふうになる予定？」**⇒「予定？」を付けることで話しやすい。

逆に、「それ何？」のような問いかけは、子供との関係性にもよりますが、緊張感が高まるようです。また、褒めすぎると、褒められることが目的になり、活動に没頭してほしいのに、そこから遠ざかってしまうこともあります。

授業中、子供がどんなことをするのか想像しながら見ていたところ、想像以上の展開になっていて思わず「あぁそうなったんだ！」とつぶやいたことがあります。後からその子が「ずっと見ていてくれてとてもうれしかった」と作文に書いてくれました。

3　声かけのタイミング

こんなことがありました。土粘土に触れながら、表したいことを思い付き、工夫して立体に表す活動でのことです。

ある子供が、土粘土を丸めたりちぎったりして何を表そうか考えています。しばらくすると、土粘土を一つにまとめ、表面を手でつるつるにしました。その感じを確かめるようになでています。そして、そっと、両方の親指で、中央に小さなくぼみを付けました。そのくぼみを手で開き、穴を開けようとしています。

そこに先生がやってきました。その子のつくっている形を見て、声をかけました。

「タイヤ？」

子供の顔を見ると、無表情でした。

あぁ惜しい。手から伝わる土粘土の感触、土粘土の特徴、経験…。様々なことをつなぎ合わせて、何かをつくりだそうとしていたのに。自分にとって新しい形を見付けられたかもしれないのに。そこからどうなるのだろうと見ていたら、最終的にタイヤになってしまいました。

声かけは、タイミングも大事です。

特に、具体的なものを思い浮かべたときには、声をかけるのを**五秒待ってみてください**。そうしたら、「タイヤかな？　丸いモノかな？　つるつるを楽しんでいるのかな？」など教師の思考が広がります。その上での声かけは、子供の気持ちを汲んだ声かけになっています。なぜなら**その五秒はその子だけを見ている五秒間だからです**。今、集中しているから声をかけるのはやめておこう、という選択も生まれるかもしれません。

4　伝える

ある校長先生からうかがったお話です。その地区の作品展で会場の係をしていて、他校の作品を見ていたとき、その作品を製作した子供と保護者がやってきたそうです。そこで、作品と一緒に写真を撮ってあげたり、作品を見て校長先生が感じ取ったことをその子に伝えたりしたそうです。

そうしたら、後日その保護者からお手紙をいただいたそうです。

そこには、「自分のつくったものに共感し、認めてくれる人がいるということ。そして、そのことを熱意をもって伝えてくださったこと。これらのことは、息子にとってすばらしい贈り物でした」という内容がありました。

この話を聞いて思ったのが、「伝える」ということです。私たちは日頃、様々な場面で様々な気持ちを抱きます。しかし、それは、たいてい相手に伝えるまではせず、そのままになってしまいます。自分の気持ちを、相手もわかってくれていると思ってしまっているのかもしれません。その校長先生のうれしそうな顔を見て、この保護者がしっかりそれを伝えてくれたからこそのこの表情だと思いました。またそれは、校長先生が子供や保護者に自分の感じたことを伝えたからでもあります。あまり過剰に示す必要はありませんが、**今よりも、もう少し自分の気持ちを相手に伝えるようにしたいものだと思いました。**

それから、「共感する」ということです。先生方からいただく質問に「子供にどう声かけしたらよいのかわからない」ということがよくあります。「うまいね」「いいね」「素敵だね」ばかり連発していると、「先生は誰にでも褒める」と子供に言われるかもしれません。

それには、**そこで起こっている事実だけを返すという方法も効果的です。**いいな、と思った事実を心を込めて子供に伝える。**「青に塗ったんだね」「四角く切ったのね」**。それぞれの子供のしていることを丁寧に見ているといくらでも伝えることはあります。「先生は私のことを見ていてくれる、共感してくれた」と子供は思います。教師の気持ちが伝わります。

合言葉は「子供目線！」 最高の声かけ

POINT ① 「今、がんばっていること」に声をかける

まず、大前提として、「子供が表現したもの／こと」＝「子供自身」であるということを忘れないことです。そうすると自ずと、断定的な言い方は避けるようになります。大切なのは、子供が「今、なにをがんばっているか」。それを見逃さず、寄り添う声かけをしたいものです。

POINT ② 声をかける前に５秒待つ！

POINT ③ 「共感」することが一番のプレゼント

Chapter 4

授業をのぞいてみよう！

各学年の子供の特徴

ここからは、実践事例を見ていきましょう。

まず、低学年、中学年、高学年の子供はどのような特徴があるのでしょうか。現行の『小学校学習指導要領解説　図画工作編』から見ていきましょう。

低学年

この時期の児童は、周りの人、物、環境などに体ごとかかわり全身で感じるなど、対象と一体になって活動する傾向がある。学習では、具体的な活動を通して思考する、既成の概念にとらわれずに発想するなどの特徴が見られる。表現及び鑑賞の活動においても、つくりながら考えたり、結果にこだわらずに様々な方法を試したり、発想が次々と展開したりするなどの様子がある。活動と場、体験と感情などが密接に結び付いているため、友人の行動やその場の出来事に応じて次々と活動が変わることもある。

中学年

この時期の児童は、ある程度対象との間に距離をおいて考え、そこで気付いたことを活用して活動することができるようになる。表現及び鑑賞の活動においても、表し方を工夫することに意欲を示したり、想像したことを実現することに熱中したりするようになる。また、手などの働きも巧みさを増し、扱える材料や用具の範囲が広がってくる。一人一人の児童の特性が目立つようになり、多様な試みが見られるようになるが、同時に友人の発想やアイデアを利用したり、表し方を紹介し合ったりするなど、周りとのかかわりも活発になる。

高学年

この時期の児童は、社会的な情報を活用して考えたり、直接体験していないことに思いを巡らせたりすることができるようになる。そして、様々な視点から自分の行動や考えを検討したり、友人の立場になってその心情を思いはかったりするようになる。表現及び鑑賞の活動においては、筋道立てて表現したり、作品などを分析的に鑑賞したりできるようになる。また、自分の作品や発言を第三者的に振り返ったり、集団や社会などとの関係でとらえたりするようにもなる。このため、ある表現形式に対して苦手意識をもったり、感じたことや考えたことを話すことを躊躇《ちゅうちょ》したりすることもある。

もちろん個人差はありますが、このような各学年の子供の特徴を踏まえ、指導を考えることが大切です。

ここでは、低学年、中学年、高学年それぞれ三事例を紹介しています。それぞれの実践は、「1　活動の様子」「2　指導の工夫」「3　声かけのポイント」「4　子供の学び」で構成されています。

「1　活動の様子」では、そのときの授業の様子を子供の姿から見ていきます。

「2　指導の工夫」では、子供の資質・能力を高めるために特に工夫した点を二つ挙げました。

「3　声かけのポイント」では、授業の中で教師がどのように声かけをしていたかを追いました。一部、発問も含まれています。

「4　子供の学び」では、子供たちにどのような学びがあったかをまとめました。

それでは、見ていきましょう。

低学年

まぜたらへんしん　いろいろいろみず

色をたくさんつくりながら、感じたことや思ったことを生かして造形的な活動をします。

1　活動の様子

気持ちのよいお天気です。子供たちがプリンのカップ、卵パックなど、様々な形の容器を抱えて校舎からかけ出して来ました。

中庭には白っぽい机が置かれ、赤、青、黄の色水が用意されています。色水は水彩絵の具やポスターカラーを溶いた感じとは違い、透き通っています。

子供たちは前の時間に少しだけ色水を混ぜる経験をしたようですが、今日は色をたくさんつくりながら、感じたことや思ったことを生かした活動をします。先生が子供たちにどんなことをしたいか聞くと、

「いっぱい色水をつくって並べたい」

「ペットボトルに入れて振ってみたい。振ると青い色水が水色になるかも」

「ほら、これ赤なのに」
「不思議なこと見付けたね」

など、やりたいことが次々と挙がりました。

さあ、色水づくりの始まりです。子供たちは、持って来た容器に、ペットボトルの色水を少しずつ入れて混ぜています。同じ色の組合せでも、量をかえれば違った色になることにも気付いていています。たくさんの色水が机いっぱいに広がっていきます。


そんな中、赤い色水の入った青い色のペットボトルキャップを、じっと見つめている子供がいます。「え？ どうして？」という表情です。

透き通った色水だったため、その色水の赤と、キャップの青が重なり、キャップの中の色水が紫色に見えたのです。


「先生！ 赤い色水をすくったら紫になった」

「どうして？ 色が変わった？ 赤をすくったら紫になったの？」

「うん。先生、これ見て（と言ってやってみせる）。ほ

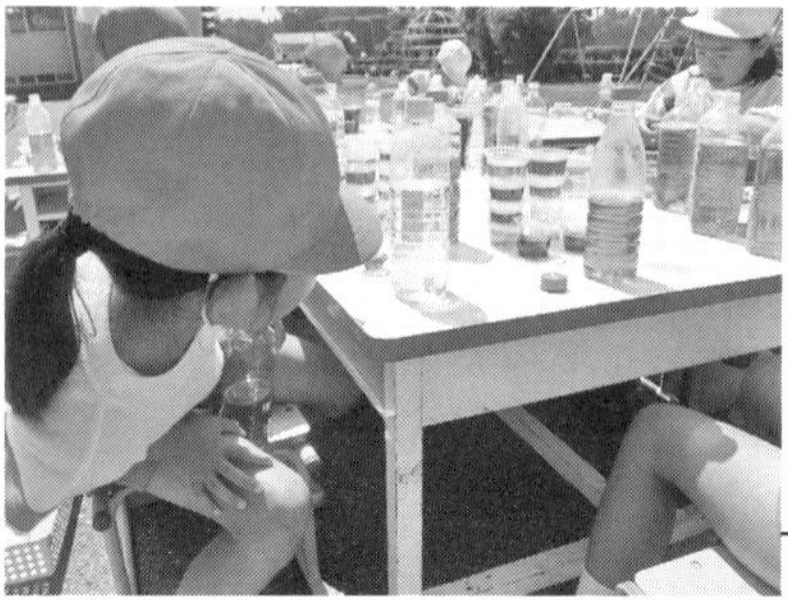

「重ねてみたら違う色に見える」

ら」

「えっ、不思議。どうしてそんなふうになるの?」

「(もう一度すくって見せながら)ほら。これ赤なのに」

「不思議なこと見付けたね」

(えへへへと、自慢げに笑う)

先生は「不思議だね、どうしてだろうね」と問いかけを残しながら、他の子供のところに行きました。子供は「実験」と言いながら、黄色いキャップに赤い色水を入れたり、色水同士を混ぜ合わせたりして考えています。そして「あ、わかった!」と少し大きな声で言い、見ていた私に色水の赤とキャップの青との関係で紫色ができたことを説明してくれました。

わかった後も、「え~」と自分の発見を何度も見直してうれしそうです。

隣では、コーラの色ができたと言って友達に見せたり、日陰に置くと色が違って見えることを話したりしています。そのまた隣では、手前にあるペットボトルから後ろにある色水

「並べたらトンボになったよ」

を見て、色の変化を楽しんだり、できた色水を並べて、形をつくっていたりします。卵パックを並べて体や羽にし、プリンカップを目にしてトンボをつくっている子供もいました。それぞれの子供が、自分の活動で得られた気付きを大切にしながら、新たな活動を展開しています。

先ほどの青いキャップに赤い色水を入れると紫色になることを発見した子供が、友達のところにいました。よほどうれしかったのでしょう。ささやくようにして「赤い色水だけで紫色をつくる方法知ってる？」と話しています。しかも、友達が考えている間に、すでにやって見せています。

授業終了の時間が近付いてきました。先生は子供たちを集め、どんな活動をしたか聞いています。何人かが手を挙げていますが、お天気のよい屋外での活動だったので疲れてしまったのでしょうか。地面を見て何か別のことをしている子供が大勢います。

「水色の色水が茶色になったよ」

「赤い色水だけで
紫色をつくる方法知ってる？」

二人目の子供の発言のとき、先生は「そうだ、見に行こう」と言い、その子供の活動していた場所に子供たちを誘導しました。そして机の上にある茶色っぽい色水を見て「あら、素敵な色」と言い、「もう一度話して」とうながしました。

子供は、自分のつくった色水を示しながら、茶色の色水が入っている大きな容器に、水色の色水が入っている小さな容器を入れると、水色の色水が茶色に見えることを説明します。まわりの子供たちは身を乗り出して色水をのぞきこみながら話を聞いています。

説明が終わった途端、「ほんとだ」「僕も同じことやってた」「知ってるー」など、口々に感想を言い合っています。この子供は、最初とほぼ同じことを言っていたのですが、実際のものを見て説明をすることで、友達の反応が全く違っています。

子供たちは自分の気付いたことを伝えたくなり、「私も私も」と、次々と手が挙がります。

2 指導の工夫

①色をより感じ取りやすい場所での活動

色水を扱う学習は、水をこぼしてしまうことを考え、活動場所を考えたり場所の設定をしたりすることとともに、**子供が色をより感じ取りやすい場所で活動することが重要です。**

この授業では、色水の色や、色水の入った容器の形をとらえやすいように、白っぽい机を使っていました。また、光が当たったときの色を感じ取ることができるように屋外で活動していました。日陰で色が変わるということへの気付きも、白っぽい机の上で見た色と地面の色、日向と日陰との比較から生まれたものでしょう。

図工室や教室で行う場合も、机の上に白っぽい紙を敷いたり、光の入る窓辺に並べてみたりするとよいでしょう。

「この色が好き」「オレンジジュースの色だ」など、自分の見方や感じ方を広げながら、色の面白さに気付くようにすることが大切です。

②実物を見ながらの活動の振り返り

活動の終わりでは、子供たちを一か所に集め、振り返りをする時間を設定していました。一人の子供が発言していますが、まわりの子供たちの反応はあまりよくありません。**教師は、すかさず子供たちに「見に行こう」と言って、その子供が活動していた場所に行きます。**

これは、子供の様子を踏まえて、指導を改善した場面です。感じたことや考えたこと、気付いたことを活発に交流する姿が見えない。これはどうしてだろう。発言している子供は、一生懸命自分のやったことを話している。そうか、「この色が」と指し示した方が子供も話しやすいのだな、という教師の思考が見えるようでした。

実物を見ながら友達の話を聞くことにより、子供たちは自分の学習の振り返りをすることができました。

子供の活動の姿をよく見るように心がけると、だんだんと最適な方法をその場で判断できるようになります。それが子供の深い学びにつながっていきます。

3 声かけのポイント【共感的な声かけ】

低学年の子供は、教師に気付いたことや感じたことを伝えたいものです。そのときに、しっかり受け止めてもらえると、自分の考えたこと、感じたことに自信をもつようになります。

子供が「先生！ 赤い色水をすくったら紫になった」と言ったときに教師は「不思議だね」とその子供の感じていることを想像して受け止めています。**子供に身を重ねて心から共感しているのです。**子供も、教師に赤い色が紫になったその理由を説明してもらいたくて伝えているわけではないのです。もし「キャップが青でしょ、青に赤を混ぜたら紫になるでしょう。それと同じことが起こっているのよ」と、教師が説明していたら、「そうか」で終わってしまうでしょう。

授業では、ここは教える場面なのか、子供が考えるようにする場面なのかを瞬時に判断することが求められます。教師は何でも教えたくなってしまうものと心に留めておくとよいかもしれません。

4　子供の学び

子供たちは、時間が経つのも忘れ、夢中になって活動していました。次々と色水をつくり、色水に全身で働きかけているその姿は、色への好奇心に満ちあふれていました。造形活動を楽しむことが、そのまま資質・能力の育成につながっているのではないかと実感する時間でした。

机いっぱいに広がっている一つ一つの色は、子供の学びの成果であり、喜びです。このような活動は一見、学びがないように見えてしまうことがあるようですが、一人一人の活動を見ていくと、豊かな学びが展開されていることがわかります。例えば、色はたくさんあること、色には仲間があること、混ぜれば混ぜるほど色は暗くなることなどです。さらに、色は自分でつくりだせるということも、喜びとともに子供は学んでいるのです。

子供の世界は、自分にとって新たなものをつくりだすことの連続です。色をつくりだすことに夢中になり、つくった色を大事にしている。ここに、自分で何かをつくりだすことの価値を子供が感じていることを私は実感します。

私が教師のとき、低学年の子供がカップにつくった色水を残しておいたら、高学年の子供たちがその色水を見て、「なつかしい。自分たちもやりたい」と言ってきました。

あまりにもうらやましそうな顔で言うので、急遽、授業の前半の予定を変更して、色水の造形遊びをすることにしました。しかし、高学年には高学年の授業のねらいが必要です。そこで「色水の特徴を生かした並べ方をみんなで考えよう」ということにしました。

特徴を生かして並べることを中心にしても、やはり子供たちは、色水をつくるところから始めます。混ぜるとどんな色ができるか予想できるのは低学年とは違うところですが、実際に自分の手でつくりだしたい気持ちはどの学年も同じです。

並べる段階になると、似た色を集めて並べたり、赤系の色と青系の色を交互に並べたりするなどよく考えていました。色を見比べながら並べていたら机いっぱいの円になり、真ん中にカップで目、鼻、口をつくり顔にしたグループもありました。この学級の子供たちから聞いたのですが、中学校で色の学習をしたときに、色相環を見て「やったことあるよね、私たち知っているよね」と話したそうです。「楽勝だった」と教えてくれました。色水の造形遊びと、中学校美術での色の学習が子供の中でつながっていったということです。

つながりという視点で見ると、この低学年での色水の活動は、自分たちの身のまわりにはいろいろな色があるということに気付くきっかけになるという点でも大切だと言えます。図画工作での学びが、生活や社会につながっているという視点で、学校生活全般において**子供が形や色などにときめくような声かけをしたいものです。**

いろいろな道を遠足

画用紙を組み合わせて地面をつくり、絵の具でいろいろな道を遠足する気持ちでかく活動です。

1 活動の様子

「この前、みんなで動物園に遠足に行きましたね。行く途中、いろんな道を通りました。今日は、大きな画用紙の上で道をつくって遠足しましょう」。

先生はそう子供に問いかけ、四人のグループに八つ切りの画用紙を一〇枚渡し、まずそれを並べて大きな紙をつくろうと提案します。

子供たちは、図工室の机の上で組み合わせ方を考え画用紙を並べます。並べ方を何度も変えながら、表したいことを話しています。

「ここに道路をつくればいいんじゃない」

「あれみたいに（窓から見える外の公園の木を指さしながら）木を並べるといいよ」

「（手をたたきながら）いいね」

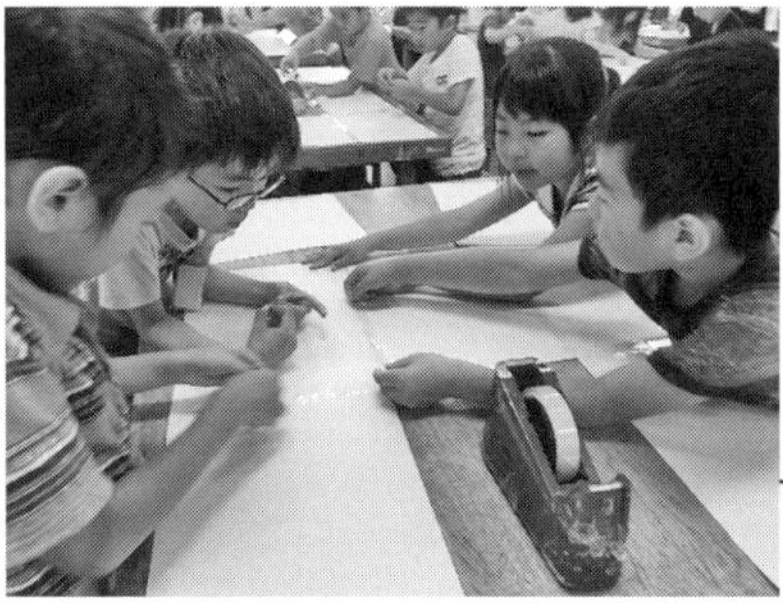

「持っているから、丈夫に貼ってね」

「道路は茶色！」
「ここに道を引いて」
「このへんに動物がいたらいいんじゃない？」
他のグループの並べた画用紙の形を見ながら「同じ一〇枚の画用紙でも、形が違う」と、友達に話している子供もいます。

子供たちが紙を並べ終わった頃、先生は、紙同士をセロハンテープで貼り合わせることを伝えます。画用紙を二枚、黒板に磁石で貼り、セロハンテープを縦と横の方向に交互に貼って見せ、こうすると剥がれにくいと教えます。「一人よりも、友達と一緒の方がやりやすいですよ」と一言添え、グループに一台ずつセロハンテープ台を配ります。

子供たちは、協力してセロハンテープを貼っていき、だんだんと紙がつながっていきます。

一枚の大きな紙になったところで「テープを貼った方を裏側にします。みんなで力を合わせてそうっと紙を裏返しにし

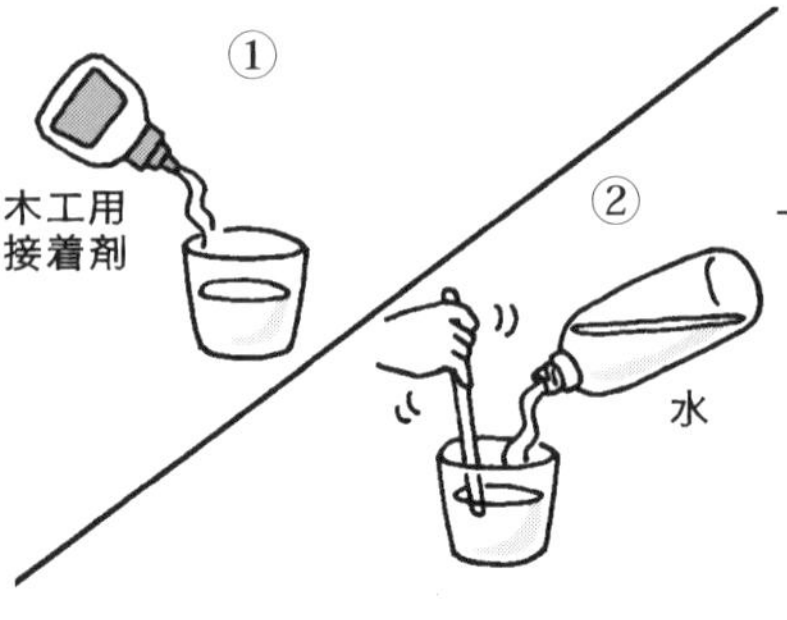

⇒ボンド水ってなぁに？
カップに木工用接着剤と水を１：１で溶いたものを入れたもの。たっぷりの量の絵の具でかけるように、木工用接着剤と水を混ぜたものを使っています。

ましょう」と先生は言いました。

子供たちは「さあ、やろう」と声をかけ合い立ち上がり、みんなで紙を持ち、そうっと裏返しにしました。しかし、セロハンテープがうまく貼れていないことにより、紙がたわんでしまったところがあります。「ボコってなっちゃった」と先生の方を見て言いながら、四人でその場所をまっすぐになるように、さすっています。それを聞いた先生は、手を画用紙の上ですべらせながら「いいじゃない。山や谷になるかもしれないね」と言いました。

それを聞いた子供たちは、「じゃあ、ここは海ね」「橋もいるね」と、先生の言葉をヒントにして、発想をふくらませはじめました。

いよいよ、絵をかきはじめます。カップに「ボンド水」（イラスト参照）をもらい、そこに自分の絵の具を混ぜます。そして道をかいていきますが、その前に先生はこう言います。

友達の活動をよく見ている子供たち

「四人で順番にかいていきましょう。お友達がかいているときは、他の人はどんな道をかくのか見ていてね」。

最初の子供が筆を取り、画用紙の端に沿ってゆっくりと線をかき始めました。他の子供たちは絵の具を混ぜながらそれをじっと見ています。

次の子供に交代です。前の子の線につなぐようにして、しかし、それぞれの子供が工夫して形や色を変えながらかいていきます。まっすぐな線だけではなく、くねくねの線や、ぎざぎざの線もかいています。

だんだんとなだらかな線の形から、山や川にしようと思い付いたり、持っている茶色の絵の具から、木をかくことを思い付いたりしはじめます。子供は友達の持っているオレンジ色の絵の具を見て、「この木をみかんの木にして」と言って自分のかいた木にみかんを足してもらっています。

順番でかく活動は、一周で終わるグループもあれば、授業の終わりの時間まで続けているグループもありました。しか

「どの道からも見えるように真ん中に太陽をかいたよ」

お互いに見合いながら活動を進めています

し、どの子供も友達のかく様子や、かいた形をよく見ています。

「ここに、道を足してもいい？」
「いいよ」
「この模様の中に、色を付けたいな」
「じゃあ、一緒にやろう」

といった会話が、至るところから聞こえてきます。特に相談するわけでもなく、つくりだした形や色をお互いに見ながら、一つの画面を構成している子供たちもいます。

授業の終わりが近付いてきました。先生は「みんなで見合いましょう」と呼びかけ、一つのグループの作品のまわりに全員を集めます。そして、そのグループの子供が順番に自分たちの表したことを話します。

それに対して、他のグループの子供たちが感想を言ったり、質問をしたりしていました。

2 指導の工夫

① 発達の段階に応じた題材設定と「見ること」

この実践では、**遠足に行って楽しかったという思いとつなげて題材を設定しています。**子供の興味・関心につながっている題材では、子供の主体的な活動を引き出すことができます。

教師は、「見る」ことを子供たちに意識させています。子供たちは、目の前に表れていく形や色などを捉え、その形や色などを基に自分のイメージをもちながら、絵の具の感じや表し方の面白さなどに気付き、楽しく見ています。この、友達の活動を「見る」時間が、一人一人の子供が想像をふくらませながら表したいことを考える時間にもなっていました。

子供たちは友達のかいた形や色などを大切にしながら、自分の思いを表現していました。「見る」ことでその子自身の感じ方が大切にされ、同じ画用紙の上で言葉を交わさずに色を置き合うような姿も見られました。

②ねらいを実現するための丁寧な授業設定

画用紙を貼り合わせるとき、はがれにくくするように、黒板で縦と横にテープを貼ることを丁寧に教えています。そして、みんなで協力してやった方がよいと付け加えています。画用紙を裏返すときも「みんなで」と話しています。

パレットを使うと画用紙の上に置くことになり、画面全体を「見る」ことが難しくなります。そこで、大きめのゼリーのカップを用意し、それをパレット代わりにしています。パレットを画用紙の上に置くと画用紙を汚してしまうこともあるので、それを避けるための配慮でもあります。

それからたっぷりの量の絵の具でかけるように、木工用接着剤と水を混ぜた「ボンド水」を使っています。木工用接着剤は白色ですが乾くと透明になります。かいたときの色と、乾いたときの色に差が出てしまうので、白い絵の具を少量混ぜています。

このどれもが、学習のねらいを実現するための丁寧な授業設定です。**子供の活動の姿を想定して、細かい点まで考えることが、子供の深い学びにつながっていくのです。**

3 声かけのポイント【授業のねらいに照らし合わせて】

画用紙がたわんでしまったことを、子供は「ボコってなっちゃった」と教師に伝えました。教師は、手を画用紙の上ですべらせながら、「山や谷になるかもしれないね」と話していました。**子供たちが失敗だと思っていることを新しい発想につなげるような声かけです。**

画用紙を貼り合わせた後、早くかきたくて「鉛筆でかいてもいいですか」と教師に聞いた子供がいました。その子供に教師は「そうか、鉛筆でかきたいよね。でも今日は○○さんの知らない方法でやるから聞いていてね。きっと楽しいと思うから」と話していました。子供の思いを受け止めつつ、新しい活動に期待感をもたせる声かけです。

「どうしたら平らな紙になるか考えて」「どんな材料でかくか考えて」などと教師が答えることもできるでしょう。どちらにするにせよ、今ここを子供が考える場とするのか、それともその先に考えてほしいところがあるのかを考え、判断することが大切です。その判断ができるようにするには、授業のねらいを明確にもつことが重要なのです。

4　子供の学び

この題材では、「見る」ことをポイントにしています。私がこの授業の指導案を見たとき、低学年でどれだけ「見る」ことができるのだろうかと思いました。特に、友達の活動や作品を見ることができるには、かきたい気持ちを抑えて、じっと待ちながら見ることになるのではないかと思ったからです。

しかし実際のところ、どの子供も実によく見ていました。おそらく自覚はしていないと思われますが、見る時間が、感性や想像力を働かせる時間になっていたのだと思います。鑑賞は能動的な活動だと言いますが、子供のもっている力をもっと信じようと改めて感じました。

「見る」ことのために、教師は様々な手立てをしています。例えば、みんなで画用紙をつなげる、みんなでテープを貼るなども、子供が協働する手立ての一つになっており、これがお互いの活動を見合うベースになっていきます。一緒にやろう、という気持ちが「見る」ことを実現し、「見る」ことで、さらに一緒にやろうという気持ちが育っているのです。

子供たちは「見る」ことを中心にして、発想や構想し、表し方を工夫して表現していきました。そして、よさや面白さを感じ取っていました。このように様々な資質・能力が高まった活動でしたが、子供たちはさらに、**「自分が思い付いたことと、友達が思い付くことは違う。けれどもそれを聞いたり話したりしながら、みんなで何かをつくりだすことは楽しい」**ということを実感したのではないでしょうか。人は様々な考えをもつということを知ったのは、多様性への気付きであり、グローバル化するこれからの社会で生きていく子供たちには大切なことです。

言葉だけではなく、形や色などによってもコミュニケーションできることに気付いた子供もいたかもしれません。しかしこれは、だんだんと気付けばよいことであり、教師が意識して六年間を通して指導すれば、自ずと自覚できることでしょう。こういうことは、あせらず、ゆっくり、実践を積み重ねることが大事です。

ゆらゆら　ぱくぱく

輪切りにした牛乳パックに割り箸を二本付けた簡単な動く仕組みから表したいことを見付け、動かして遊ぶものをつくる活動です。

1　活動の様子

牛乳パックを輪切りにして、割り箸を二本付けると簡単な仕組みができます。割り箸を持って動かすと、牛乳パックが開いたり閉じたりして形が変化します。子供たちは、すでに牛乳パックと割り箸でつくった仕組みを持っています。その仕組みから表したいことを見付けて、工作をしていきます。

先生は、『うごきにあわせて○○をつくろう』とねらいを示し、牛乳パックの仕組みを開いたり閉じたりしながら子供たちに見せます。そして、「どんなふうに見えますか。〝何っぽく〟見えますか？」と聞きました。

「口っぽーい」

「ほんとだ。口っぽく見えますね」

「私は、目のパチパチに見えました」

「目がパチパチ開いたり閉じたりしているんですね。目

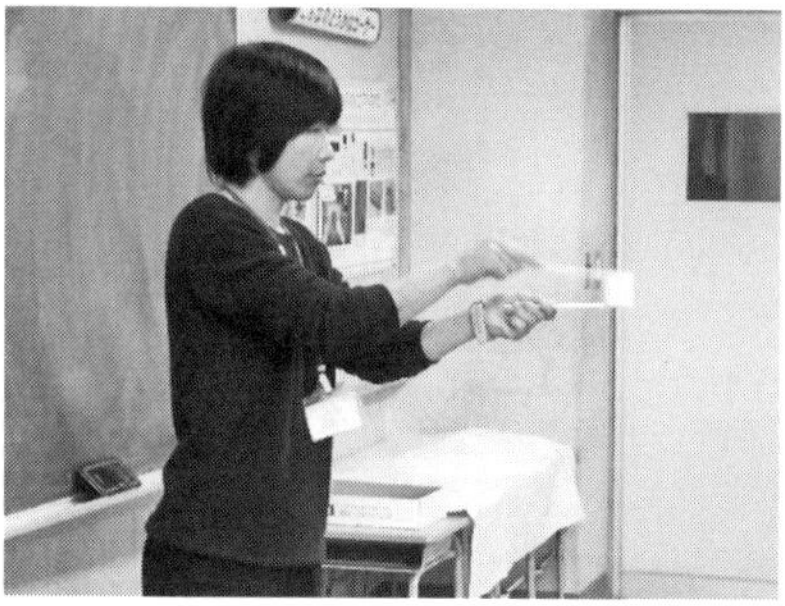

のパチパチをつくることができるかもしれませんね」

「歩いているみたいに見えます」

「（動かしながら）こうやって歩くのね。足にするのもいいですね。じゃあ、ここがおなかかな」

先生は、まず子供たちのイメージを受け止め、子供たちの言葉をつなぎながら「動きを生かしてつくる」ということを押さえ、表したいことを見付けるというねらいにつなげます。そして、『うごかす』『かみをきる』『かみをはる』という言葉を書いた紙を黒板に貼り矢印を書いて、動かしながら考えたりつくったりすることを伝えます。

子供たちは仕組みを、縦にしたり横にしたりしながら表したいことを考え、友達に「カエルの口ができた」と見せたり、「指を入れてみて」と開いたり閉じたりする仕組みの面白さを友達と味わったりしています。

▼Aさんの場合

はじめは、前に座っている友達が牛乳パックの形を開いたり閉じたりしながらカメラのように動かしているのを真似ていました。しばらくすると割り箸を上下に動かしながら考え始めました。机に割り箸を付け、カタカタとリズミカルに音を立てながら動かしました。うれしそうな表情を浮かべ、友達に「馬にする」と言い、紙を切って馬の首をつくり始めました。

　割り箸が動物の足に見えて馬をつくることを思い付いたのか、机に割り箸を付けたときに、思い付いたのかはわかりません。もしかすると、交互に動かしている割り箸の速さや音で、馬を思い付いたのかもしれなません。どちらにしても、Aさんは、仕組みを動かすことで表したいことを確かにして、紙で首や頭の形を切ったり、色を付けたりしながら、工夫して「馬」をつくっていきました。

ここから
好きな形を選んで、
どこかに貼って
動かしてみよう
これにしよう

▼Bさんの場合

隣の席のBさんは、割り箸を動かしてはいますが、なかなか思い付きません。どんどん思い付いている友達の様子を見ながらも、なかなか表したいことを見付けられない様子です。

先生は丁寧に声をかけながら、発想を促していましたが、別の手立てが必要だと判断したのでしょう。あらかじめ用意しておいた、いろいろな形に切った紙を見せ「好きな形の紙を選んで、どこかに貼って動かしてみよう」と提案しました。

Bさんは、様々な形の中から丸い形の紙を一つ選び、大事そうに自分の席に持って行きました。そして、それをそっと自分のつくった仕組みにテープで貼って、いろいろな方向から見たり、中をのぞきこんだりして、どのようなことを表そうか考えていました。しばらくすると画用紙を三角の形と四角い形に切り、組み合わせて家をつくり、丸い紙の上に付けました。ここからはどんどん活動が広がっていきました。

見て見て！
走ってるみたいでしょ
ほんとだ
ぼくも、面白いのができたよ

授業の終わりには、お互いの作品を見せ合う鑑賞の時間がありました。先生は「動かしながら、こんなのができたよと言って、友達に見せてあげて」と、「動かして見せる」ということをするように、と伝えています。

Aさんは、机の上で馬を歩かせて見せたり、動物をつくった友達と形や動きの面白さを話したりしていました。Bさんは、先生のところに見せに行きました。先生から「上に紙が付いたんだね」と言ってもらうとうれしそうにしていました。その後、自分の作品を友達に見せたり、友達の作品の動きを興味深げに見たりしていました。

最後は全員で共有です。紹介したい子供が、動かしながらどんなことを表したか話をします。先生はBさんの作品を見せながら「これ、まだ、製作途中だと思うけど、面白いですよ。上に乗っているのはなあに？」などと話しかけながら紹介します。友達からも、「家」「きのこ」「矢印」などと答えてもらい、Bさんも笑顔です。

2　指導の工夫

①表現と鑑賞の関連

表現と鑑賞は、子供にとって本来一体のものです。ですから、関連付けて指導することが大事です。

この実践では、お互いの活動や作品が見えるように班の形にしたり、授業の終わりには、製作途中の作品を学級全体で紹介し合う鑑賞の時間をとったりしています。子供が形や色、表し方の面白さ、材料の感じなどに気付くようにして、楽しさや面白さを感じ取ったり、新しい発想につなげたりしています。

教師が思っている以上に、子供たちは友達の活動や作品をよく見ています。そして、自分の活動に生かそうとしています。ただし、**豊かな表現あっての豊かな鑑賞です。**じっくり製作する時間をとることを大切にし、形だけの鑑賞にならないようにすることも必要です。

② 表したいことを見付けられない子供への手立ての準備

この授業では、表したいことを見付けられない子供への手立てとして、いろいろな形に切った紙を仕組みに貼って、動かしながら発想するという方法を考えていました。それは、教師が事細かに指示しなくても、子供は自分で表したいことを見付けることができるという子供への確かな信頼から考えた手立てです。

表したいことを見付けられない子供がいると、教師は焦ります。そして、具体的に何をするかを教師が考えてしまいます。それを子供に伝えるので、子供は教師の考えたことをなぞるだけになってしまいます。**「図画工作の指導は苦手」という先生は、教師自らがアイデアを考えださなければならないと思っていることが多いのではないでしょうか。**しかし、考えなければならないのは、この事例のような、子供が発想することに向かうようにする手立てです。

最後に学習を振り返る場面では、Bさんの作品を取り上げ、Bさんが自ら発言することで、「できた」という思いを一層強くするようにしていました。全ての子供が、「やってよかった」と思えるような手立てを準備しておきたいですね。

3　声かけのポイント【未来に向かう〝何ができそう？〟】

教師は、一人一人の子供の活動を見たり聞いたりして「なるほど」「そうかぁ」と声をかけています。「いいね」だけではなく、これも、肯定的な声かけです。

まだ、何をつくっているかはっきりしない子供には、「何ができそう？」と聞いています。**今つくっているそれが何かではなく、これからのことを聞いているのです。**子供は「動物になるかもしれない」「カエルになりそう」などと答えています。紙を立てようとして試行錯誤していた子供には「立てたね！　ついに」「そこが難しかったんだよね」と話しています。

また、全員での鑑賞の場面で、子供の発言を「例えば誰のみたいに？」と聞き、友達の活動とつなげていました。どの声かけも、それぞれの子供にぴたりと当てはまるのは、子供の活動の様子を日頃からよく見ているからでしょう。

4　子供の学び

はじめ、子供たちは、教師が動かす仕組みを見てそれぞれがイメージしたことを話していま
す。これは、仕組みの形や色、そして動きからそれぞれの子供がもったイメージです。

イメージは、自分の経験に深く関連しています。自分がもつイメージに不正解はありません。**もしイメージを否定することがあったら、その子供が生きてきた道のりを否定することにもつながります。**おおげさなようですが、このことは大事に考える必要があります。この授業では、教師は子供たちのイメージをしっかり受け止めながら、仕組みの動きを生かした作品を考えるという発想につなげていました。

次に、実際に自分たちがつくった仕組みを動かしながら考えています。ここでは、手や腕などの自分の体で動きをつかむ感覚、形が変化する面白さなどを感じながら考えています。**体を動かしながら考えるということは、低学年だけではなくどの学年においても重要なことです。**さらに、自分が表現した作品を動かしながら、友達と話したり、聞いたりして、自分や友達の活動や作品から、よさや面白さなどを感じ取っていました。

本実践では、ほとんどの子供が表したいことを見付けていましたが、じっとして何もしてい

ない子供がいたとき、みなさんならどうしますか？　すぐに声をかけますか？　何も声をかけずに待ちますか？　授業のねらいや、子供のタイプによって変わるかと思いますが、教師は子供が立ち止まって考えているのか、どうしようもなく行き詰まっているのかを見極める必要があります。考えているときはじゃまをしないこと、行き詰まっているときは、的確なアドバイスをすること。行き詰まっている子供に「もう少し考えてごらん」と言っても、よい方向には進まないことが多いものです。適切に見極めるのは難しいことかもしれませんが、この見極めは、日頃から接している教師だからこそできることです。自信をもって接してください。

さて、最初表したいことを思い付かなかった子供（Bさん）は、小さく切った紙を仕組みに付けて動かしてみました。

一つ形を加えることで、牛乳パックと割り箸の動きの面白さが具体的に見えてきました。Bさんは、自分で表したいことを見付けることができました。困難を自分で乗り越えたのです。

この手立てを全員がやってみることから始まる活動も考えられます。目の前の子供たちの様子と指導のねらいを照らし合わせ、指導を考えていきましょう。また、身近なもので楽しいことができるという体験は、家にあるものを見て、「これで何かできるかも」という視点をもって自分の生活を見つめることにつながっていきます。

中学年

おいでよ！　アイスの森

色水を長細い袋に入れて凍らせ、それをもとに雪の校庭で造形的な活動をします。

1　活動の様子

校庭は真っ白な雪。木の幹のまわりにカラフルな氷の棒が並んでいます。青系の氷の棒、赤系の氷の棒、という具合に色ごとに分けてあります。

この氷の棒は、色水を細長いビニールの袋に入れ、凍らせたものです。パーゴラ（藤棚）には色とりどりの氷の棒がぶら下がっています。

授業の前にビニールをはずし、子供たちみんなで準備をしていたら「色ごとに分けたい」と言い出したので、木のまわりに分けて置くことにしたそうです。

スキーウェアに身を包んだ子供たちが、期待いっぱいの表情で校庭に集まりました。

「この氷の棒と、この場所で、どんなことをしてみたい

色ごとに分けられた氷の棒。
左側が青系で、右側が赤系。

ですか」

「何かきれいなものをつくりたい」

「みんなで楽しめるものをつくりたい」

「削って彫刻をつくりたい」

子供たちは次々と思い付いたことを発言しています。場所と氷の棒を交互に見ながら考えている子供もいます。しかし、どの子もそわそわしています。早く活動したいのでしょう。

さぁ、いよいよ活動開始。子供たちは氷の棒を取りに走って行きます。氷の棒を細かく割って雪に混ぜて山にしている子供がいます。「氷の棒をそのまま使っている人が多いけれど、割ってたくさんにして、彩りを豊かな感じにしたい」と話しています。

Aさんと Bさんは、パーゴラ（藤棚）を活動場所にすることに決め、氷の棒を選びに行きました。氷の棒は、つるしているものもありますが、大部分は少し離れた木の根

藤棚からつるされた氷の棒

元に色ごとに分けておいてあります。自分たちでつくった色水を凍らせたものなので、例えば赤っぽい色でも様々な色があります。

二人は、しゃがみこんで気に入った色を選んでいます。相談して「ピンクっぽい色だけを使おう」ということにしたようです。「これぐらいの長さがいいかな」と言いながら数本選んで、活動場所に走って戻ります。

そして、パーゴラ（藤棚）の柱にある丸い電気の上に氷の棒を横向きに乗せました。次の棒は柱のまわりをぐるりと囲むように置きました。一つ一つ、ぎゅっぎゅっと雪を隙間に挟むようにして、しっかり固定します。

丸い電気の上に乗せた氷の棒の上に、もう一本氷の棒を乗せ、そしてここもしっかり雪を挟み固定します。

最初は、電気の上は一本だけしか乗らないと思っていたようでしたが、雪を隙間に挟むことにより、どんどん積めるということを発見しました。電気の上に乗せた氷の棒と柱の上

「細かく割って雪に混ぜたよ」

に乗せた氷の棒がつながりました。

「さっき、遠くから見たら雪が目立っていたよ」

「ほんとだ。目立つ部分だけ払ったらいいよ」

そう言って、二人で余分な雪を払い始めました。

頻繁に、少し離れて自分たちのつくりだした形や色などを見て相談しています。また、何か思い付いたのでしょう。「そうだ」と言いながら、Aさんが小さなかけらを持って来て、ちょこんと乗せました。

Bさんは「もう乗せられないって言ってたのに」と笑いながら言い、しかしそれが気に入ったようで、同じように小さな氷の棒を取りに行き、柱のまわりに置き始めました。

この後も、氷の棒を雪に差し込んで立たせたり、溶けてきた氷の棒を使って、雪に模様をかいたりして、パーゴラ（藤棚）の柱を中心にして、ピンク色の世界ができあがっていきました。

子供たちは活動しながらも、お互いに見に行きます。近す

「イメージが変わったって人いる？」

遠くから見て、よさや面白さを感じ取っている。

ぎず遠すぎず、友達の活動が目に入る距離で活動しているからでしょう。先生は、子供たちの間をまわりながら、質問をしたり共感的な声かけをしたりしています。

その後、鑑賞の時間になりました。鑑賞の活動では形や色などを根拠に自分の感じたことを話したり友達の思いを聞いたりします。

ある子供が「はじめこんな感じだったのですが、だんだんイメージが変わってきて今はこうなっています」と発言しました。

先生はすかさず「やっていくうちにイメージが変わったって人、他にもいますか」と問いかけます。多くの子供がその問いかけに手を挙げます。「先生、こっちもみんなで見ようよ」という子供の声が続きます。

授業終了後、何人かの子供が教師のところに集まり、「もっとこうしたい」「次はこんなことしたい」と話していました。

2 指導の工夫

① 期待がふくらむ授業の流れ

この授業は、いろいろな色水をつくり、細長い袋に入れる造形遊びから始まっています。そして、それを校庭のパーゴラ（藤棚）につるします。季節は冬、校庭は白い雪景色です。温度が下がれば色水は色付きの氷になります。

子供は、気温が低くなると色水がどうなるかということは、おそらく予想できています。しかし実際にやったことはありません。子供たちは、「凍ったらどんな感じになるのかな」と、わくわくしながら待ちます。

環境と関わりながら、感性を働かせて、ものが変化していく様子に目を凝らす。**この期待のふくらむ時間が、活動を一層楽しくさせます。**子供の時間や生活と、授業内容がつながっていることも重要です。

②学習の目標に迫る問いかけ

授業は、教師の「この氷の棒と、この場所で、どんなことをしてみたいですか」という子供への問いかけで始まっています。

すでに材料の特徴を体感している子供たちは、教師の問いかけに「何かきれいなものをつくりたい」「みんなで楽しめるものをつくりたい」など、漠然とですが、やってみたいことを考えています。「今はまだわからないけど面白いことができそう」と発言している子供もいました。

教師の導入での発問は、子供が自分の学習活動だと自覚する導入の工夫であり、「この氷で思い付いたことをしてみよう」という学習の目標も示しています。さらに子供が学習を「見通す」ことにもつながっています。**子供が学習の目標に迫り活動を見通すことできる言葉、しかも短めの言葉を考えることは、授業を洗練させていく重要な手立てです。**

3　声かけのポイント【子供のイメージを大事にする】

教師は「面白い！　木がどんどんパワーアップしている。どんなイメージなの？」と、子供のイメージを聞き出していました。**気付いたことを伝えたり、そうか！　と手を打ったりしながら子供のイメージを大切にしている**様子がうかがえます。

また、最後の鑑賞のときに、イメージの変化についての子供の発言につなげて「イメージが変わったって人いる？」と全体に問いかけていました。イメージの変化を、活動を振り返る視点にしているのです。子供は、このような活動を通して、「どのようなことを、どのようにして学んだのか」を自覚します。教師は「最初、○○さんは、こんなことしていたよね」という言葉もかけていましたが、それも同じように効果的に働いています。

授業終了後、新たな発想を教師に伝えている子供の姿がありました。「振り返る」学習活動が、次の時間の学習意欲と「見通す」学習活動につながっているのです。

4　子供の学び

造形遊びは、材料を基に表したいことを見付け、友達と関わりながらつくる活動です。子供が材料や場所などと出合い、それを手にするなどして自分で目的を見付けて発展させていきます。中学年の子供は、場所にも目を向けるようになります。この授業では、材料を少し遠くの場所に置いたことで、場所が変化する様子を少し離れた場所から見ることになりました。それが効果的に働き、子供たちは離れて見て感じ取り、発想しつくることを繰り返していました。

材料の面では、雪と氷を扱っています。それぞれの地域や学校の特性を生かすことで、子供の学びは豊かに広がっていきます。

この題材では、水が凍ることでアイスのように棒状になることを経験したり、雪の校庭で形づくったりすることで、形や色に関わることを学ぶとともに、自然への興味もわきます。みなさんの学校だったらどんな材料を集めることができるでしょうか？　落ち葉、小石、土、水など、目を向ければいろいろな材料を見付けることができます（ただし、環境に配慮することも大切です）。

また、いただいた材料と学習のねらい、子供の実態を考え合わせて題材をつくることは、教師の創造性を豊かにします。何と言っても、**教師の「この材料で子供たちはどんなことをするのだろう」というわくわくした思いは、確実に子供に伝わります。そうすると子供は、「どんなことができるんだろう」ともっとわくわくするのです。**友達と一緒の活動を好み、交流し合うことで学習をより高めていくことができるようにもなる中学年で、楽しい充実した活動にならないわけがありません。

これは、授業のねらいが明確だからこそ生まれる好循環です。

それから、氷の棒がいつのまにか用意されていて、ポンとそこに存在しているのではないということ。つまり、自分たちのつくった色水がだんだんと凍っていく、それを見ながら、感じながらの今日の授業であることが大事です。環境と関わりながら、感性を働かせて、ものが変化していく様子に目を凝らすこと、図画工作の授業が子供の時間や生活とつながっていることが大切です。

このようなことを積み重ねることで、主体的に学ぶ子供が育っていくのです。

中学年

みどりの絵―葉っぱコレクションより―

持って来た葉っぱを鑑賞し、世の中にはいろいろな緑色があることを感じ、緑の絵の具をつくって、そこから思い付いた世界をかく活動です。

1 活動の様子

子供たちは、大事そうにシートを手に図工室にやって来ました。家や道にある葉っぱを持って来て、先生からもらったシートに貼り付けてあるのです。友達同士で見せ合ったり、光に透かして見たりしています。

「みんなが持って来たその葉っぱ、いろんな色、いろんな形があるよね。今日は美術館を用意しました。そのシートを乗せてみんなで見てみましょう」。先生はそう言って、三台のライティングデスクを見せます。「美術館」とは、蛍光灯が中に入っている手づくりのライティングデスクです。

子供たちはそのライティングデスクのところに集まり、持って来た葉っぱを貼ったシートを置きます。三台のライティングデスクは美術館の部屋です。一つ一つの光で照らされた

「これ、きれい」

葉っぱは、形や色などがより鮮明に見えます。

「これきれい」
「見て。こっちも」
「枯れてるね」
「でも、それはそれでいいな」
「これどこで摘んだの？」

子供たちは、ライティングデスクをのぞきこんだり、シートを手に取ったりしながら、それぞれ感じたことを話し、形や色などの違いを味わっています。

しばらくして、先生は「どんな緑色があるかな」と色に注目する問いかけをします。

「黄緑」「明るい緑」「茶色っぽい緑」「これも明るい緑だけど、また違うね」…。子供たちは、目の前の葉っぱの緑色を言葉に置きかえながら、一言で緑色といっても、たくさんの緑色があることを改めて感じています。

青とレモン色を混ぜて緑をつくっている。

先生が、「今日は緑色の絵の具は使わずに、いろいろな色の緑色をつくって絵をかきましょう」と、提案します。そして、パレットで青と黄色を混ぜて色を混ぜて緑色をつくって見せました。

先生は「お、なかなかいい緑。これ、どんな色ができたか画用紙に塗ってみます」「水が足りない」と、筆に少し水を付けて混ぜて「なめらかになりました」と話しています。実はこういうところも子供はよく見ています。

子供たちは「いい緑」「きれいな緑」「もう塗っちゃうの?」などと話しながら、先生がかこうとしている画用紙に注目しています。先生は緑色でまず丸い形をかき、またパレットに緑色をつくり、先ほどかいた丸い形にかき足します。そして、いろいろな緑をつくって「緑の○○」という絵をかいていきましょう、と提案します。

子供たちは自分の絵の具セットを出し、黄色と青を出して

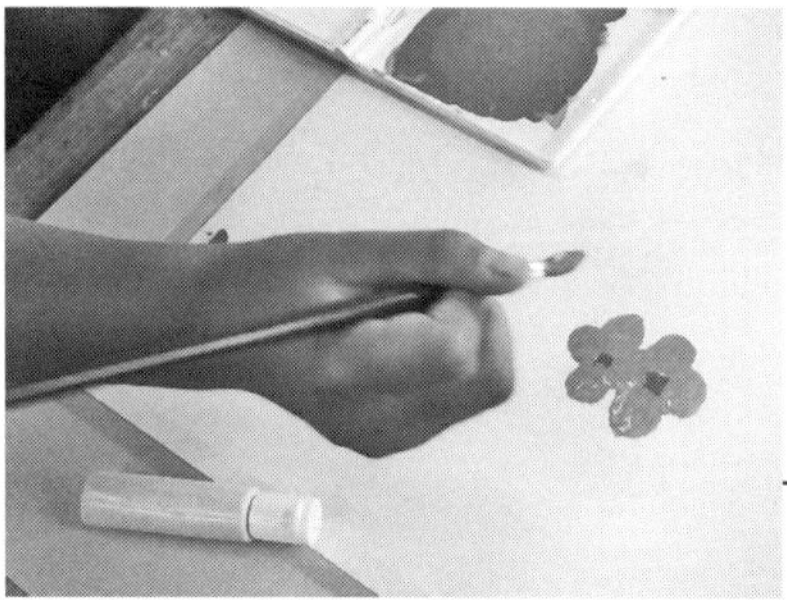

丸い形をかいていたら、お花みたいになってきた。

緑をつくりはじめました。

隣同士のAさんとBさんも青とレモン色を出して混ぜ合わせています。しかし、できた色は違います。色を見せ合いながら「なんで青とレモン色とで、一緒なのに全然違うの？」と話しています

他の子供たちも「見て」「何色混ぜた？」「うわー気持ち悪い色」「これは黄色の出番です」。などとつぶやきながら、緑色をつくっています。筆と筆を合わせて色を見比べている子供もいます。筆でゆっくりと絵の具を混ぜながら色が変化していく様子に見入っている子供もいます。

そして画用紙に、つくった緑色を置いていきます。置いてみた色、できた形から、少しだけ発想が広がります。そして、だんだんと表したいことが立ち上がってきます。

薄緑色をつくった子供は、スッスッと筆で線を走らせ「ネギ畑みたい」と隣の友達に話しています。小さい丸をかいた子供は、それをつなげて模様にしています。三角の形をかい

丸い形をつなげて、
模様をつくっています。

「鳥が飛んでいる様子にしたよ」

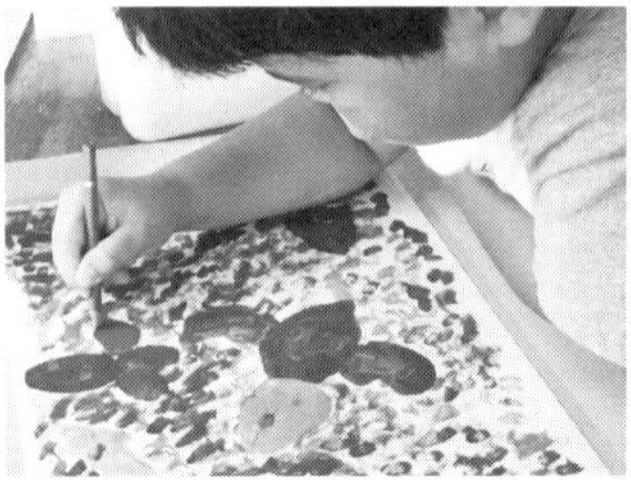

た子供はそれをテントにしています。

人をかこうと思って、慎重にかきすぎて小さくなった子供がいました。そこに友達がやってきて「五歳ってことにしたら?」と言いました。その子供はその友達のアイデアを受け入れ、「じゃあ次は一〇歳をかこう」と言って、年齢の違う人を何人もかき、野原で散歩している様子を表しました。

筆だけではなく、指や雑巾でかく子供も出てきました。

Cさん  は先生のところへ行き、小さな紙をもらいました。そして、何色と何色を混ぜたらどんな色ができるのか、メモし始めました。

子供たちは葉っぱの緑色をきっかけに、表したいことを見付け、絵をかくことに夢中になっていました。

2 指導の工夫

① 葉っぱを持って来るところから始まる授業

この実践では、前の週に、葉っぱを持って来ることを子供に伝えています。子供たちは次の図画工作の時間までの一週間、気に入った葉っぱを探しながら過ごすことになります。

そうすると、葉っぱといってもいろいろな形や色があることや、様々な場所に生えていることに気付きます。子供は身のまわりにある葉っぱを比べ、その中からこれぞ、という葉っぱを持って来ます。友達や家族と葉っぱについて話すこともあったかもしれません。

これは、図画工作の時間と子供の生活とをつなげる深い問いかけです。**葉っぱを持って来るところから、授業は始まっているのです。**生活や社会の中の形や色などと豊かに関わる、世界を捉える視点が育っているのです。葉っぱというものが、誰もが持って来られるものであることも大切な点でしょう。

②色からの発想

例えば、葉っぱの鑑賞から、葉っぱを見ながらかく、葉っぱを紙でつくる、葉っぱにインクを付けて版画にする、葉っぱを貼ったシートそのものを使って工作をつくるなど、様々な授業が考えられます。自然物で面白い形を探すという方向にもっていくこともできるでしょう。

この実践は、葉っぱの色に注目しています。まず、子供はパレットに緑色と黄緑色の絵の具を使わずに、緑色をつくります。**何をかこうかと思いながら緑色をつくるのではなく、まず緑色をつくるのです。**一色目をつくった時点で子供に、画用紙が配られます。その画用紙につくった緑色を置いてみて、そこから子供は表したいことを考え始めます。この時点で表したいことはまだほとんど見付かっていませんが、違う緑色をつくり、画用紙に置くことを繰り返すうちに、だんだんと表したいことが見えて来ます。

子供が「色」にたっぷり関わることができるようにしながら、表したいことを見付けられるようにしているのです。

3　声かけのポイント【子供の活動に合わせて】

色をつくっているときは、「これは何色を混ぜたの？」「いろんな緑ができているね」「その色もいいね」など、色に着目した声かけをしていました。そして、子供の意識が「表したいこと」に移っていったときには、「こんなこと表したんだね」という、子供が表している内容に対する声かけをしていました。

子供は、そのとき一生懸命やっていることに気付いてほしいものです。授業のねらいと照らし合わせて、それを見付け、声をかけましょう。

まずは子供の活動の姿や作品をよく見ることです。形や色などから聞こえてくる子供の声、会話やつぶやき、目線、しぐさなどからそれは見えてきます。

指導のねらいが明確だと、この余裕ができます。「先生は私のことをよくわかってくれる」と、子供は感じるようです。結果的に子供との関係がぐんとよくなります。

4　子供の学び

図画工作の学習では、学習指導要領の〔共通事項〕に示してあるように、表現の活動でも鑑賞の活動でも、形や色などを捉え、自分のイメージをもつことが大事です。

本実践では子供が葉っぱを探すことで、自分の身のまわりにたくさんの緑色があることに気付いています。図画工作の時間が自分の身のまわりの世界とつながっているのだと実感し、**「自然ってすごいな、不思議だな、面白いな」**と感じているのだと思います。身のまわりの世界を、形や色の視点から見ることにより、世界は不思議なことや面白いことであふれていると気付いたのではないでしょうか。

当たり前のことになってしまっているのかもしれませんが、絵の具を混ぜると違う色ができるということも不思議なことや面白いことの一つです。

色を出して、パレットで緑色をつくっているとき、混ざる様子をじっと見ている子供がいました。ゆっくりゆっくり筆を回しています。別々だった二色がマーブル状になり、もっと混ぜると違う色になります。「途中も面白かったね」と声をかけてみたら、うれしそうにコクンとうなずいてくれました。不思議だな、面白いなと思いながら、混ざる過程も楽しんだのでしょう。

かと思えば、素早く筆を回している子供もいます。どんな色ができるか早く見たいのでしょう。「予想通りだった！」と話していました。

この授業のように子供の様々な資質・能力を高めるという意識で授業を考え実践すると、様々な子供の学びが見えてきます。

しかし、教師が抱く結果としての作品のイメージだけに向かって指導すると、そこからそれたものを軌道修正しなければならないので、それはそれは、大変です。その大変さを避けようとして、最初から細かい手順を示し、それないようにするという指導の方向に進んでしまいます。そのような授業で子供の資質・能力が高まるということは残念ながら稀なことです。

子供たちが、これから予測の付かない世界をしっかり生きていくための資質・能力を育む視点で、一時間一時間の授業を充実させることが大事です。

中学年

ミロを見てミロ、感じてミロ

ジョアン・ミロの複製画を鑑賞してよさや面白さを感じ取る活動です。

1　活動の様子

廊下に子供たちがいます。教室の扉はぴたりと閉まり、先生がその前に立っています。子供たちは、いつもと違った授業のはじまりにわくわく。期待いっぱいの表情をしています。

「教室の中に作品があります。今日はその絵を一緒に見て、たくさん感じましょう。さあ、みなさん入りましょう。ミロさんの作品をじーっくり見て、いっぱい感じてみましょう」。先生はそう言って、教室の扉を開けました。

教室の四隅には、イーゼル（絵をかくときに使う台）があります。そこに一枚ずつ額に入った複製画（ポスター）が立てかけられてあり、どれも紺色の布がかかっています。

先生は「じゃあこの絵から見ていこう」と言い、入口に近い絵の前に子供を集めます。全ての子供の視線が絵に集まっ

イーゼルに立てかけられた作品

たところで、布を取ります。

「うおー」。子供たちの歓声、そして拍手が起こります。

「どんな感じがしますか」

「かさがある」

「真ん中に面白い形がある」

「これ本物ですか？」

子供たちは気付いたことや思ったことをどんどん話しています。後ろの方の子供も作品を指さしながら話しています。先生は「そう思ったんだね」「そう見えるね」など、肯定的な言葉で受け止めています。

数分見たら、次の作品に移ります。後ろで見ていた子供から移動するので、その子供たちが今度は前の方になります。

次の作品の前で先生が紺色の布を取り外します。ここでも拍手。一枚目の作品での子供たちの反応に自信をもったのでしょう。先生は「どう？」と、堂々と子供たちに言っています。

「これ、太陽に見える」
「うん、うん」

ここでも、子供たちは気付いたことや感じたことを話しています。

三枚目の作品の前に移動したとき、先生は「みんな準備できてる？」と言い、布を取り去りました。今度は先生が何も言わなくても「棒人間に見える」「宇宙人に見える」「星に似ている」「親子のたまごだ」など、思い思いに話をしています。友達の話を聞いて考えている姿も見受けられます。「あぁー」という賛同と納得の声も聞かれます。

次の作品では、子供が絵の中の形に「三角君」と名付けました。それを受けて先生は「もう名前付けちゃったんだ」と、称賛の声かけをしています。

こうして、四枚の絵を見終わりました。一度、自分の席に戻るように先生は指示しましたが、子供たちは絵の前に集まり、離れがたそうです。

子供たちが座ったところで先生は、「この四枚の作品の中から気に入った作品を一枚選び、その作品について感じたこ

指さしながら、感じたことを交流しています。

とや考えたことなどを付箋紙に書きましょう」と話しました。

ここからは、一つの作品を選ぶために、自由に見てまわることができる時間です。先生は一人一人の子供に「どこを見てそう思ったの？」「この形かな？」などと問いかけています。

絵の前で「これじっくり見させて」「待ったかいがあった」と言っている子供たちの姿から、鑑賞の活動が能動的な活動になっていることがわかります。

じっくり見ることにより「（絵の具の擦れに気付き）ここ塗り忘れかな？」という気付きも生まれています。

「これ、いいよね。ボヨンボヨンと遊ぶのに似ている」

「うん、わかる。ジャンプして遊ぶ道具のことだよね」

そう言って、絵の前でその様子を体で表している子供たちがいます。

「よし、決めた。これにする」「えーどれにしようかな」「あっち見てないんだよね」「もっといいものがあるかもしれ

感じたことや考えたことを
付箋紙に書いています。

ワークシートでも
じっくり見ています。

ない」「あの形もかわいいんだよね…」などの声からは、子供たちが比較して検討して作品を選んでいることがわかります。

作品を一つ選んだ後、その作品が真ん中に印刷してあるワークシートをもらいに行き、感じたことなどを付箋紙に書き、そのまわりに貼ります。ワークシートの絵のまわりはちょうど付箋紙が貼れる広さになっており、そこを付箋紙で埋めていくという楽しみもありました。子供たちは、ワークシートにある作品もよく見て、見付けたことやわかったこと、感じたことなどを書いています。

そこには、「かぶと虫の乗り物みたいなものがあって、乗ってみたいと思った」「いすの上にいすがおいてあって、おもしろいと思った」などの言葉がありました。ここでも、気付いたことを隣の席の友達に伝えている姿が見られます。

2 指導の工夫

①興味をもちそうな作品の選択と場所の工夫

本実践では、ジョアン・ミロの作品を鑑賞の対象にしていました。

これだけ、子供たちが積極的に感じたことを話したり聞いたりしていたということは、子供が捉えやすく話しやすい形や色などであり、様々な想像ができる、**子供が興味をもつ内容の作品であったということでしょう。**子供の発達の段階や実態を見ながら作品を選択することは、美術作品などを鑑賞対象にするときにとても重要なことです。

作品を教室の四隅に設置し、一人一人の子供がじっくり見ることができるように場所も工夫していました。また、額に入れた複製画を使い、指で根拠を示せるようにしていました。

何を問いかけるかと同じぐらい、作品の選択や場所の設定などは重要です。子供の資質・能力を育成する視点で考えましょう。

② 緩急のある授業構成

本実践は絵を見る段階を二つに分けています。はじめはざっと見て、子供が感じたことをどんどん話せるようにしています。感じたことを言葉にしてみる、友達の言葉を聞く、想像してみることが楽しいこととして子供の心をとらえます。次に、四枚の絵の中から一枚を選ぶという設定をして、それぞれの子供がじっくり鑑賞できる時間をとっています。選ぶということは、比較して考え、自分で決断するということです。まさしく思考力・判断力等が育つ場面です。

この二つの段落により、子供たちはミロの絵の面白さを感じ取り、友達と鑑賞することの楽しさを知ることができました。そして、気付いたことや感じたことを付箋紙に書き、絵のまわりに貼るという方法により、自分の見方や感じ方を広げ深めることができています。

子供の実態に合わせた、緩急を付けた授業によって、一時間の鑑賞の時間が充実したものになっていました。鑑賞と言っても様々な方法があります。**一つの型にはめずに柔軟に考えていくことが大事です。**

3 声かけのポイント【ねらいに応じた、それぞれの場面での声かけ】

最初の段階は一枚の作品をじっくり見るというよりも、四枚を次々と見ていくことが中心です。ここでは、「そう思ったんだね」「そう見えるね」など、子供の発言をさらりと受け止めています。鑑賞することに関心をもった、そのことを受け止める声かけです。

四枚の作品の中から一枚を選ぶ段階や、感じたことを付箋紙に書く段階では、もう少し詳しく見ていく活動にしていく必要があります。そこで**「どこを見てそう思ったの？」「この形かな」など理由や根拠を問う声かけ**をしています。子供の思考力・判断力・表現力等を高める問いかけをしているのです。

授業全体のねらいもありますが、その場面、場面で学んでほしいことがあります。そこを明確にすると、自ずと子供を受け止める声のかけ方は変わっていくものです。

4　子供の学び

鑑賞の指導は、基本的には表現との関連を図り指導することに留意する必要があります。指導の効果を高めるために必要がある場合には、子供や学校の実態に応じて、独立して行うことができます。

この授業は、独立して行った鑑賞の授業です。鑑賞といえば、作品を見ていく際に、教師がどのように発問するかということに焦点が当たりがちです。それゆえ、鑑賞に苦手意識をもつ先生方もいます。しかし、まずは子供が見ることを楽しめそうな、子供たちが興味をもちそうな作品を選ぶことが大切です。

子供の発達の段階と指導のねらいを踏まえて、**「この作品だったら〇〇さんはこんなことを感じるかな」「〇〇君はこう言うかもしれない」**など、子供の姿を具体的に思い描いて選びましょう。作品は、教科書や画集などから選ぶことができます。美術館で作成している資料などを扱ってもよいでしょう。この授業のように市販されているポスターなどを使ってもよいでしょう。

作品を選ぶとともに、子供が興味をもち、感じたり考えたりしたことをお互いに伝えたくなる、そんな授業を考えましょう。

この授業では、子供の期待感を高めるための場の設定がされていました。四枚の中から一枚を選ぶという設定も、子供が深く学べる方法となっていました。選ぶということは、比較して考え、自分で決断するということです。選ぶという設定により、自ずと形や色などをじっくり見て自分のイメージをもち、よさや面白さを感じ取りながら、どれが書きたいか自分で判断するということをしているのです。感じたことや思ったことを口に出せる、肯定的に受け止めてくれる学級の雰囲気があるということです。そのことが学習の質をさらに高めていました。

図画工作の学習は、子供たちがお互いのよさに気付きながら、資質・能力を高め、豊かな人間関係を築くことができると言われます。

平成二四年度に行われた「小学校学習指導要領実施状況調査」（国立教育政策研究所）の質問紙調査においても、八〇％以上の子供と教師が、図画工作の学習は自分や友達の表し方や感じ方のよさに気付く活動だと回答しています。教師がその意識をもって授業づくりをすることで、子供の資質・能力はさらに高まっていきます。

この授業でも、感じたことや考えたことを安心して言える場面をつくりだすことで、子供たちは形や色などに自分なりの意味を見付けていました。それを伝え合うことで、さらに、作品からよさや面白さを感じ取る能力を高めていました。このような学習で人間関係は深まり、子供にとって学校が自分の力を発揮できる心地よい場所となっていくのです。

色水と場所がつくるいい関係

色水と場所の特徴を考え合わせて、造形的な活動をします。

1　活動の様子

図工室には、様々な容器や理科室から借りてきた用具が置いてあります。机には白い模造紙の上にビニールシートがかけられています。

黒板に書いてある題材名は『色水と場所がつくるいい関係』。先生は、今日は材料や場所の特徴に着目するように話し、まずは図工室で活動し、次に校庭で活動することを伝えます。

子供たちは図工室で、水でどんなことができるかやってみます。容器に水を入れて水槽に浮かべたり、ビニールシートの上に水をたらして水滴をつくったりしています。できた水滴をいろいろな方向からのぞきこみ、その美しさに目を見張っています。

容器をピラミッドのような形に積み重ねている子供たちは、

ミラーシートの上に水をたらしています。

「よしー」という表情をしながら、できた形をじっと見つめています。鏡のようなミラーシートに映った形の美しさに見入っているのです。

その後に、活動場所を校庭に移します。ここで、色が登場です。

六色の染料をお盆の上に乗せて用意してあり、それを水に混ぜて色水をつくることができるようにしてあります。子供たちはグループのメンバーと相談しながら、遊具の近く、砂場、階段など、面白い活動ができそうな場所を決めて、その場所に座りこんで色水をつくりはじめました。

屋外で見る水は、光を受け、輝いています。そこに色が加わります。みんなで頭を寄せ合っている子供たちのところに行ってみると、細長い容器に水を入れて、ポトンポトンと青色の水滴をたらしていました。混ざっていくその様子にみんなで見入っています。全体が薄い青になったところで、赤い水滴をたらしはじめました。そして、その様子に子供はデジ

校庭から見える後ろの建物と対比させている。

タルカメラを向けます。

混ざる瞬間をとらえようとしているのです。

校庭での活動は、子供がそのときどきに写真を撮ることもポイントです。

大きな丸い容器に水を張り、色水の入った小さな容器を浮かべている子供たちは、色水の色や、小さな容器の数を話し合っていました。写真を撮りながら、小さな容器を増やしたり減らしたりしています。自分たちにとって、ちょうどよい感じを探っているのです。

子供たちの活動は、色水の面白さを感じ取る活動から、だんだんと、場所の特徴、背景も考えながらの活動に移っていきます。背景の建物と対比させて写真を撮っている子供は、地面に寝転んでの撮影です。砂場を活動場所にしている子供たちは、円形のプラスティックの水槽に砂場の砂を入れ、上に青い色水をそうっと入れています。海のイメージにしたいのですが、色水が濁ってしまうことが問題のようです。

「どっちの撮り方がいいと思う？」

「準備 OK。水をかけていいよ」

何度もやり直し、行き詰まっている様子でした。あきらめてしまいそうになったので、「その容器、もう一つあれば何かできるかもね」と言ってみました。その子供たちはきょとんとした顔で私を見つめていましたが、顔を見合わせ「そうだ」と言って、先生のところに走って行きました。

そして水槽を一つ持って戻って来て砂を入れた水槽の上にもう一つ水槽を重ねてそこに色水を入れました。横から見ると下に砂、そして透明の水色の色水です。何度もやり直して、材料の特徴がわかったことにより、少しのヒントだけで解決策を自分たちで見付けられました。時間を追うごとに、子供たちの発想は広がりと深まりを見せます。

じょうろを持って来て、色水の入った容器の上から雨のようにまいている子供がいます。校庭だからこそできる活動です。それを撮ろうと寝転んでカメラを構えている子供もいます。

容器の下から見た形が面白いと思った子供たちは、落とさ

円形と四角形を構成している。

ないように慎重に容器を持ち上げて写真を撮っています。青空を背景に、登り棒の上部の六角形、容器の円、その中に浮かんでいる四角の容器の形の美しさを写真に残していました。写真を撮っては、友達とカメラをのぞきこんで、話し合っている子供たちもいます。「もっとこういうふうに撮ったらよいのではないか」と確認しているのです。

どれもが、一人ではできない活動です。

そろそろ終わりの時間です。子供たちは図工室に戻り、色水を流し、容器を洗い、片付けます。

その間、先生はそれぞれのデジタルカメラのデータをパソコンに移し、教室のテレビに映し出しています。全体での活動の様子や、それぞれのグループの作品などをみんなで見ます。映し出されるごとに「おぉ」という声が上がります。写真を見ることにより、改めて活動の意味や価値を感じ取る時間になりました。

2 指導の工夫

①資質・能力を高めるためのICTの活用

この授業では、グループに一台のデジタルカメラを用意しています。これが、子供の資質・能力を高める上で効果的に働いています。

まず、子供は写真を撮るときに、色水とまわりの様子を考え合わせ、**ここだというところでカメラを構えます。これは、よさや美しさを感じ取っている子供の姿です。**

そして、写真を撮って残すことにより、子供は「さて、次は何をしようか」という思考になります。次々と思い付いた活動ができます。造形遊びでは、このように、よさや美しさを感じ取ったり、次の発想を促したりするために、デジタルカメラが効果的に活用されます。

撮った写真は、授業の振り返りの時間にも活用されます。子供の思考の移り変わりもわかり、評価の資料にすることもできます。

②発想が交流するグループでの活動

造形遊びは、材料や場所などの特徴を基に、どんなことができそうか考え、それを実際にしてみる活動です。子供の様々な発想が交流され、そこから新たなものやことを生み出すことに面白みがあります。

そこでは、リーダーのもとで一つのことを成し遂げるというよりも、フラットな状態で、お互いの発想を大切にしながら、一つのことをつくりだしていくことに向かいます。大人から見ると「そんなことできるかな？」と思うかもしれませんが、子供は日常の遊びの中でそれをやっていますので、あまり難しく考えないことです。子供と子供との間には形や色などがあり、**言葉とともに形や色もコミュニケーションツールとなっていることで、より発想が交流します。**

造形遊びをすることで、子供同士の人間関係がよくなったという話をよく耳にします。学校の研修として行い、教師同士のコミュニケーションをはかっている例もあります。

3　声かけのポイント【子供がどんどん活動したくなる】

実際の教師の声かけは「面白いこと思い付いたね」「この後どうしようと思っているの」「違う色を試してみたら」など、子供の活動を受け止めたり活性化させたりすることが中心でした。その声かけにより、子供がどんどん活動したくなっているようでした。

それは、最初に「場所に目を向けること」をしっかり子供に伝えているからです。ここが甘めに設定されると、高学年の学習のねらいを達成せず、ただ色水を校庭でつくった、という活動に終始する可能性もあります。そうなると、途中で子供を集めて、もう一度ねらいを説明する後追いの指導をしなければならなくなります。また、校庭や体育館などの**広い場所で行う活動では、教室や図工室で行う授業よりもねらいの明確さが求められます。**子供は広い場所での活動では気持ちが開放的になり、教師の声も教室よりも届きにくいからです。

細かな注意をせずに、子供の活動を受け止めたり活性化させたりすることに終始したのは、日頃からの信頼関係と、子供たちが活動のめあてを十分に理解していたからでしょう。

4　子供の学び

この授業は、高学年で色水を扱った事例です。材料や場所の特徴に目を向けた活動が行われています。もし、このとき初めての色水を使った授業だった場合、ここまで場所に目を向けることができたでしょうか？　十分な時間があったり、校庭で例を挙げながら具体的に示したりしたら場所に目が向いたかもしれません。しかし、色水はそれだけで魅力的ですから、色と色を混ぜることに終始する子供が多かったのではないかと予想されます。

つまり、前学年までに経験していること、これまでの学習が積み重ねられていることも重要なのです。**低学年の学びが中学年、高学年にどのようにつながっていくのか。**六年間でどのように学んでいくのか学校として考えることが子供の資質・能力を伸ばしていくことにつながります。

子供たちの撮った写真を見ると、子供が「美しさ」ということを意識していることに気付きます。登り棒の上部の形と自分たちの使っている容器の形を対応させている様子からは、自分たちの経験を基に形や色を分析的に見て交流していることがわかります。

一方で、水をたらしたり、混ぜたりしたときの様子、その瞬間を撮影した写真も多くありました。動きに着目したのでしょう。色水が混ざる瞬間はみんなで息を詰めて見つめています。作品と自分が一体となるような気持ちで見たり感じたりしているのです。このような面も併せもつところが、高学年の子供たちの特徴とも言えるでしょう。

さて、子供たちは友達の活動を見たり友達と話し合ったりしながら、学びを深めていました。共につくりだす喜びを味わっていました。

この授業は、決められたグループでの活動でした。好みや話が合う友達同士の集まりではありません。しかし、一人一人が感性を働かせながら、自分たちが共有できるよさや美しさを探っていました。そのことの意味や価値を、子供たちは私たちが思っている以上に感じ取っています（この子供たちが書いた言葉は一八二ページに載っています）。

共に何かをつくりだすことは楽しいことだと感じる経験を、小学校のうちに積み重ねることは、子供たちの未来を見据えても、とても大切なことです。

高学年

凸凹の絵

板材や用具の特徴から表したいことを見付け、形や色、構成を考えるとともに、自分の表したいことに合わせて工夫して表す活動です。

1 活動の様子

この授業の材料は板です。絵といっても、絵の具でかく絵ではなく、板でかく絵です。手応えのある材料なので、高学年が意欲的に取り組む活動が期待されます。

先生は、黒板に『凸凹の絵』『並べる、重ねる、色をぬる・いろいろ切る、ためしながら表したいことを見付ける』『形、色、構成を考える』と書き、子供たちを図工室の中央の机のまわりに集めました。

まず、土台となる板の上に小さな木切れを置き、「これが、でこぼこ」。木の位置を変え「これも、でこぼこ」と言い、「凸凹」の意味と動かしながら考えるということを、子供が理解するようにしています。

次に、黒板に例示したそれぞれの行為を簡単にやって見せます。色を塗るところでは、新しい材料として木工用着色剤

木切れの入った箱から気に入った板を探しています。

を紹介し、板に塗って見せます。子供たちがよく見えるように板を見せて「どんな感じ？　何が見える？」と聞き、木目の美しさに気付くようにしています。

最後に、「試しながら、表したいことを見付けて表しましょう」と子供たちに話しました。

土台の板は二種類、細長い形と四角い形の二種類から選べます。先生から土台となる板を手渡され、さっそく活動開始です。

子供たちは、木切れの入った箱のところに集まり、ごそごそと気に入った木切れを探しています。「どうしようかなぁ」と言いながら木切れを手に取ったり、まわりを見渡したりしています。気に入った形の木を探しているというよりも、発想のきっかけを探しているようです。

Aさんは、木切れの入った箱から、四角い穴がいくつも空いた面白い形の木切れを探し出しました。その木切れを土台の板の上に置きしばらくながめ、また木切れの入った箱

バランスを考えながら、木切れを置き直しています。

の場所に行き、小さな木切れをいくつも持って来ました。そして、四角い空間に一つずつ小さな木切れを入れました。

それから友達の活動を見に行き、これからどうしようか考えているようでした。しばらくして自分の席に戻って来たAさんは、四角い穴が空いた木切れを下にずらして上に空間をつくり、細長い板を縦横に並べながら重なりを意識した作品をつくり始めました。おそらく友達の活動からヒントを得たのでしょう。

Aさんの表現は、自分で見付けた面白い形の木切れをきっかけにしています。Aさんの意識は、穴の空いた木切れから、板全体に広がり、形を考えながら全体を構成していく活動に変化していきました。

Bさんは、木工用着色剤を自分のパレットに各色少しずつ取り、自分の机に戻りました。木切れに筆でそっと色を置き、木目に沿って広がって行く様子を見つめています。木工用着色剤でどんなことができるかを試すように、色の塗り

木工用着色剤を試しながら、どんなことを表そうか考えています。

方や重ね方を変えながら、たくさんの木切れに色を付けました。

そして、その木切れをつなぎ合わせて土台の板の上に構成した途中、土台の板を縦から横に変え、最終的に「いろいろな世界へ続く道」という作品をつくりました。

Aさんは、板の形を表現のきっかけにしましたが、Bさんは木工用着色剤の色を表現のきっかけにしています。

この学校では、絵の具に親しむ活動を低学年から行っています。木工用着色剤に興味があったのでしょう。Bさんの活動の様子を見ていると、経験と照らし合わせ、起こることを予想しながら木切れに色を付けているように感じました。

図工室には電動糸のこぎり機が用意され、子供たちは慣れた手つきで板を切っていきます。

Cさんは、三角形や四角形の直線的な形に板を切り、やすりで切り口をなめらかにしています。そして木工用着色剤で色を付けました。

Cさんの作品
『考え事』

その板を、何度も何度も重ね直しながら、重ね方を考え、位置が決まったところで、木工用接着剤で貼ります。その後、彫刻刀で直線的な形を彫っています。鋭角的な板の形や、直線的な形を組み合わせていることから、一つのイメージでまとめ上げていることが伝わってきます。Cさんの題名は、『考え事』。自分が形と色を検討している様子を『考え事』という題名にしたのかもしれません。

子供たちは、板の形や大きさ、位置や組合せによって、作品のイメージが変わる面白さを感じながら、何度もやり直しながら製作していました。

まだ途中ですが、授業の終わりには、今日の時点での題名を付けていました。

2 指導の工夫

①ちりばめられた発想のきっかけ

この授業では、子供が自分で表したいことを見付けることを大切にしています。そして、その**きっかけになることを至るところにちりばめています。**

この授業のように、木切れが入った箱を用意しておくことにより、面白い木切れの形から表したいことを見付けられたり、新しい材料として木工用着色剤を使うことにより、表したいことを見付けられたりするのです。手順も子供に任せています。

これらのことにより、子供はこれまで培ってきた一人一人の資質・能力を総合的に発揮し、活動することができたのでしょう。ねらいが明確な授業だからこそ、ここまで広げることができたのです。

使い慣れている高学年に対しても、彫刻刀や電動糸のこぎり機などの安全指導も忘れずにしていました。

②学習を振り返る鑑賞の時間の設定

活動の途中、友達の活動や作品を見る子供の姿が多く見られました。はじめの頃は、材料や用具を取りに行くときに見ているようでしたが、途中からは、夢中になって表現し、ふと、友達はどうしているのだろうと思い、見に行くといった様子でした。

二時間の活動が終わったときには、現時点での題名を名札に書き、全員で作品を見合いました。短い時間でしたが、友達の作品からよさや美しさを感じ取るとともに、自分の作品はどうだろうと見直し、学習を振り返る時間になっていました。

このように、表現と鑑賞を関連付けた指導は、子供の資質・能力を高める上でとても大切です。鑑賞の時間は、この授業のように最後にとることもできますし、次の時間のはじめに設定することもできます。

しかし、形式的に取り入れると、形式的な鑑賞になり、逆に子供の意欲をそいでしまうこともあります。**豊かな表現なくして、豊かな鑑賞はないとも言えます。**

3　声かけのポイント【声をかけないのも大事】

　どのように表すか迷って、教師に今の状況を説明している子供がいます。教師は身をかがませて聞き、その子のつまずいているところを把握した上で「いろいろやってみて」と試行錯誤が大事だと声をかけました。他の子には「〇〇君のを見てみようよ」と、友達の活動につなげる声かけもしていました。

　しかし、ほとんどの子供は活動に没頭しているので、教師は静かに見守っているようでした。大きな声で、子供の活動を紹介することもありません。いつでもどんなときも見守ってくれる存在として、教師はそこにいます。**「子供が主役」という言葉がふさわしい時間が流れていきます。**

　このように、子供の様子を見て、あえて声をかけないのも大事なときがあります。夢中になっている子供にやたらに問いかけ、我に返らせてしまうのは、もったいないことです。

4 子供の学び

絵や立体、工作に表す活動でも、様々な学習過程があります。

例えば、表したいことを見付けるとき。最初から表したいことをある程度見付けてから製作する場合もあります。だんだんと表したいことを見付けていく場合もあります。指導のねらいを考えて、子供が一年間を通してどちらも経験できるように、バランスを考えて指導計画を立てるようにしましょう。

この授業は、どちらかと言えば、後者のだんだんと表したいことを見付けていくタイプの実践です。最初から表したいことを決めて表現している子供もいましたが、ほとんどの子供は、様々な行為を試す中で表したいことを見付けていました。

学習の手順を事細かに示す授業では、Bさんのように木工用着色剤の色から表したいことを見付けることはできなかったでしょう。**自分で手順を考える、ということは特に高学年では重要です。**自分の思いを表現する主体的な活動となり、思いきり資質・能力を発揮できます。それは、高学年ならではの喜びや充実感を伴う活動となります。Bさんは、途中で板の方向を変えます。今見ている板の方向では自分のイメージにそぐわない感じがしたのでしょう。

板の方向を変えるという大胆な方法でそれを解決していますが、これも、経験の積み重ねによってできることです。

さて、この授業のような表現は、経験したことからわかったことを絵に表すような活動だけをしていても表れにくいものです。

材料を基に活動を思い付く造形遊びの活動や、様々な作品を鑑賞し、よさや美しさを感じ取る鑑賞の活動をバランスよく実施する。それにより、子供の表現の幅も広がっていくのです。

特に、造形遊びとの関係は重要です。低学年では、造形遊びの活動を通して、材料を基に、感覚や気持ちを生かしながら、並べたりつないだり積んだりして、体全体を働かせてつくることを学びます。低学年の造形遊びでの学びが、この授業のCさんの重ね方や並べ方を考える活動とつながっています。

この授業の子供たちは、表したいことを見付け、表し方を考え工夫しながら表現していました。個人での活動でしたが、子供たちの間には、自分の表したいことを追求する仲間という雰囲気がありました。

やはり、ねらいが明確であったことが大きく影響しています。ねらいが明確であれば、子供同士が自分の活動と友達の活動の共通点や相違点を発見し、そこによさや面白さ、美しさを感じ取ることができるのです。一人で取り組んでいても交流し合うことができるのです。

挑戦！　みんなは未来の建築家

「未来の形」というテーマからイメージをもち、誰も見たことがないような未来の建物の形を「ちらし棒」をテープでつないで組み合わせ、立体にしていく活動です。

1　活動の様子

前時につくった、ちらしを丸めた棒が、固さや長さ別に箱に入って教室の中央にあります。

先生は、黒板を使って、「誰も見たことのないような未来の形をつくりだそう」と学習のめあてを伝えます。

子供たちは、前の週に、このちらしの棒を試しで組んでみています。そのとき撮った写真の中からピックアップしたものを印刷した紙を用意し、それぞれのグループに配りました。その紙を見ながら、組み方の工夫を見付けていきます。

子供たちは、その振り返りの活動が、これから自分たちが行う活動に必要な情報ということがわかっているので、真剣です。組み方の工夫を見付けるとともに「この工夫を使えば、こんなことができる」と、自分たちの表したいことと組み方の工夫をつなげて相談しているグループもありました。

ホワイトボードを活用して、考えを共有しています。

次に、見付けた組み方の工夫を全体の場で出し合います。先生は子供の発言を受け止めながら、「こんなことを発見したんだね」と、子供が自分たちで見付けたこととして押さえます。そして形、支え方、つなぎ方などに分けて黒板に整理していきます。

さらに、それぞれのつくりたい形のイメージを共有します。言葉だけではなく、ホワイトボードにアイデアを書きながら伝え合っています。

「ここを固くして」

「(横から見た図を示して) こうして、こうすると横幅が出て高さも出る」

(身振り手振り、「支え」という文字まで書き込む)

「めちゃくちゃ支えて、どんどん大きくするには、ピラミッドプラス支えだな」

「(図を示しながら) これでは大きくならないよ。形的には」

パーツをつくってから組み立てています。

「大きさを求めるならば、もっとここを広くしないと。高さだけだったらこのままでいいけど」

「高さを出すのならバランスも考えないとね」

「もし横の幅を求めたいなら、下の土台の横幅を広くする」

ちらし棒を取り出して、実際にこんな感じ、とやってみながら、「こういうのを重ねれば大きくなる」と言っている子供もいます。このように、ホワイトボードの絵や図、言葉、身振り手振り、実際にやってみることなどを通して、お互いのイメージを明確にしてから活動していきます。

ここまでの時間は、組み方や表し方に気付くだけではなく、それをもとに話し合ったりイメージを共有したりすることを通して、「自分たちでつくりだす」という意欲を高める時間にもなっていました。

丈夫な構造と形のバランスを考え合わせながらつくっています。

次に、実際にちらし棒を組んで形をつくっていきます。共有したイメージがあるので、一人一人の子供がすぐに動き始めます。

友達の動きやつくる形を見ながら、自分もやってみて、それを友達も見てつくっていくグループ。

同じ形のパーツを各自つくり、それを組み合わせているグループ。

土台の形をつくるメンバーと、それに乗せる形をつくるメンバーと分かれて活動しているグループ。

活動の形態は様々ですが、お互いに影響を受けながら、自分たちの表したいイメージに向かってつくっています。

「三角に組んでいくと丈夫で大きくなる」「棒の太さや長さもポイントだな」など、発見したことを伝え合う様子も見られます。

子供たちは、自分たちの活動に意欲的に取り組みながらも友達の活動も見に行き、よさを感じ取り、自分たちの活動に

だんだんと大きくなってきました。町のようです。

生かそうとしています。

時間が進むにつれて、高い建築物になり、上部の重さを支えることが共通の課題になってきました。授業終了の時間も近付いてきているので、他のグループの活動を参考にしながら、工夫を凝らし始めます。

しかし、ただやみくもに高さを出すのではなく、どのグループも楽しい形や美しい形を追求しようとしています。

その中で、高さを目指していないグループもあります。同じパーツをつくり、それを組み合わせてつくっていたグループです。腰ぐらいの高さなのですが、人が中に入ることができる丈夫で美しい構造です。他のグループも、その中に入れてもらっています。

いろいろな工夫を凝らした建築物ができあがり、だんだんと図工室が一つの町のようになってきました。

2 指導の工夫

①試しの活動を振り返る時間の設定

この実践では、前時に試しでちらし棒を組んでみたときの写真を資料として活用し、組み方の工夫や表し方の工夫を具体的に捉えるような時間を設定しています。

子供たちは、写真を見ながら気付いたことを発言しています。教師はその発言を、「形」「つなぎ方」「支え方」に整理して子供の思考を促します。教師が試作したものを紹介して活動を始めるよりも、子供の活動から導き出した方が、学習効果が高まるのは言うまでもないでしょう。

自分たちの活動を振り返る時間が、これからの活動の見通しをもつことにつながっていきます。子供の主体的な活動のために、見通しや振り返りの時間を適切に設定するようにしましょう。

② ホワイトボードを使って考えを交流する

子供たちの会話を聞いてみると、このホワイトボードが有効に働いていることがわかります。これは、それぞれの子供が**自分の考えや思いを発言できる機会を保障し、尊重し合うための手立てです。**

言葉だけでは伝わりにくいことも、図に表すことにより伝わりやすくなります。今回は材料が棒状のものでしたので、線をかくことによって、比較的容易に表すことができていました。友達のかいた図に新たに線を付け加えたり、図に言葉を書き加えたりして、考えを深めている姿も見られました。直接、材料を動かしながら考えることも大切にしながら、考える場としてのアイデアスケッチとなっていました。

大人になっても、図をかきながら考えたり、図で説明したりすることは、様々な場面でありま す。グループでの活動にすることにより、アイデアスケッチの活用方法も学べます。作品のミニチュア版がアイデアスケッチではない、ということも押さえておきたいことです。

3　声かけのポイント【子供と子供をつなぐ】

一人の子供がホワイトボードに図をかいてグループの仲間に説明しています。教師は一緒に床に座り、じっと聞いています。そして子供たちに、**「質問していいんだよ」などと、声をかけています。**

この授業は、一人一人の思いをグループで共有しながら活動することがポイントとなります。そのために、お互いの思いを交流する場面を設定しています。教師は、子供と子供をつなぐ声かけを意図的にしているようでした。場面を設定したので、あとは子供の活動を待ってみるということも大切ですが、ねらいが実現するような教師の声かけをすることが必要なときもあります。

この後も教師は、それぞれのグループをまわりながら、子供のイメージや表現の意図を聞き取ったり見たりしながら、子供の考えをつなぐ声かけをしていました。

子供たちがお互いの思いや考えを、交流させながら活動していくことにつながっていきました。

4 子供の学び

本実践は「未来の形」というテーマからイメージをもち、だれも見たことがないような未来の建物の形を考え、それを「ちらし棒」をテープでつないで表現しました。共同して表現するということは、様々な発想やアイデア、表し方などがあることにお互いに気付き、表現や鑑賞の内容を高め合い、充実させることにつながります。活動を設定する場合には、子供の実態を考慮するとともに、一人一人の発想や知識・技能などが友達との交流によって一層働くようにすることが大切です。

子供たちは、お互いの思いを大切にしながら、自分たちの表したいことをだんだんと明確にし、みんなで未来の建物をつくりだしていきました。

いつも遊んでいる仲間同士ではなく、学級のグループでつくるので、お互いの考えを知り、受け入れたり調整したりすることを丁寧に行う必要があります。

それには、活動に参加している実感をもてなかったり、活動の方向がわからないまま、決められた部分だけを担当したりする子供がいないようにすることが大切です。この授業では、はじめに形や支え方、つなぎ方を押さえています。その際、自分たちの活動を振り返り、そこから活動のヒントを得ています。そして、自分の思いを友達に伝え、友達の思いも受け止めています。

このような「みんなでつくりだす」活動は、学校でこそ取り組みたいことです。みんなでつくりだす活動を経験し、その楽しさや面白さを知った子供は、**よい意味で、「人と人とは違うのだ」ということに気付くでしょう。**そして、考えが違う者同士が新たな意味や価値をつくりだしていくことに喜びを感じるようになるでしょう。

これは、多様性を認め合える力を身に付けることにつながっています。グローバル化する社会で生きていく子供たちにとって必要なことです。

みんなでつくりだす活動では、一人一人の子供に思いがあることが大切です。それには、自分の思いを実現しようとする個人での活動も充実する必要があります。個人での活動とグループでの活動もどちらも充実させることが子供の資質・能力を高めることにつながります。

Chapter

5

成長する子供たち

こんな力も伸びる！

こんな力も伸びる！

子供たちは、発想や構想するとき、よさや美しさを感じ取るとき、創造的な技能を働かせるときなどに、様々な資質・能力を発揮します。

このどれもが、図画工作の時間以外でも活用できる資質・能力であり、小学校を卒業しても、大人になっても活用できる資質・能力です。

これらの資質・能力を育成していく過程では、他にも様々な力が育成されています。

本書に出てきた、事例の子供たちの様子を例に見てみましょう。

・色水が紫色になったことに疑問をもち、その理由を探ろうとしている様子、牛乳パックの仕組みに紙を貼り、そこから表したいことを考えている様子からは、**問題を解決すること。**

・何度も緑色をつくっている様子や、校庭で色水と場所との関係を探っている様子、木切れを並べ変えながら表したいことを考えている様子、何度も見比べて作品を選んでいる様子からは、**探究すること。**

・お互いの考えを形や色で交流しながら、グループで一つの作品をつくりあげていく様子からは、**友達の考えを受け入れながら、協働することや、協力し合うこと。**

・雪の校庭で氷の棒の置き方を相談しながら工夫している様子や、ホワイトボードを使って自分の考えを形や色、言葉などで伝え合っている様子からは**伝え合うことや、見通しをもつこと。**

これらは、ほんの一例ですが、改めて挙げてみると、図画工作の学習は、様々な力を育成できるのだということがよくわかります。しかも、一人一人の子供が自分の力を自分のペースで発揮できる学習です。子供が図画工作の学習が好きな理由の一つでしょう。

ここでは、Chapter 4での事例などを参考に、図画工作で高まると考えられる様々な力について考えました。

自分で決める

1 「こっちにしよう」比べて決める

子供たちは図画工作の時間に、様々な選択をしています。例えば、いくつか表したいことを思い付いたとき、どちらの発想を実現しようかと考えます。画用紙のどこにこの色を置こうか、画用紙は縦にしようか横にしようか、クレヨンにしようか絵の具にしようか、この木片とこの木片、どちらを使おうかなど、挙げればきりがないほど、自分で考え選ぶことを繰り返しています。

そこでは、様々な情報を比べたり、経験と照らし合わせたりしながら選択すること、比べて決めることが行われています。これは普段の生活でも必要となる力です。

私たちの人生は比べて決めることの繰り返しです。例えば、今日はどんな服を着ようか、何を食べようか、どんな会社で働こうかなど、様々なことを選んだり決めたりします。小さなことから大きなことまでありますが、その場その場で自分は何を大切だと思っているか考え、決めることが大切なのです。

人生で比べて決めるときと、図画工作で比べて決めるときとの共通点は、情報を分析するだけではなく、その人それぞれの感性が影響しているということです。図画工作の時間に子供が感性を働かせながら、比べて決める場面を設定することにより、この力は育ちます。

2 「こうすればできるかな」失敗から学ぶ

板の上に細長い棒を立たせようとしている子供がいます。木工用の接着剤を棒に付けて、じっと持って固まるのを待っています。しかし、棒と板とが接する面積が狭いため、手を離すと倒れてしまいます。木工用接着剤をたっぷり塗りましたが、うまくいきません。壁に立てかけてみましたが、斜めになってしまいます。まわりを見まわし、小さい木片を使っている友達がいるのに気付き、細長い棒の根元を小さい木片で取り囲むように敷き詰めて、立たせることができました。

子供は、自分の実現したいことがあれば、それをどうにかして実現しようと、様々な方法を考えます。経験と照らし合わせたり、他から情報を得たりしながら違う方法はないかと考えます。うまくいかなかったことから、様々なアイデアや解決策を思い付くことを学んでいるのです。これは、子供にとって楽しいことです。友達に「こんなやり方はどうだろう」と友達に提案している姿もよく見られます。

このようなことを経験して育った子供は、きっと様々な場面で状況に応じてアイデアや解決策を思い付き、提案できるようになります。何よりも、**困ったときに自分で解決しようとすることは、自分を信じるということにつながっていきます。**また、「この材料でどんなことができるかな」と考える造形遊びでの思考は、今あるものの中で楽しいことを思い付くことができる、という力も育てるでしょう。少ないものの中で豊かさを追求するということは、これからの社会では注目すべきことなのかもしれません。

3 「こうしたらこうなるだろう」予測する

図画工作の学習を通して、だんだんと身に付いていく力の中に、「予測する力」があると思います。

低学年では、「やってみたらこうなった」と、実際にやってみて、結果としてこうなるのだとわかるということが大部分を占めます。これがまずは大切で、自分で実際にやってみて気付いたりわかったりすることを積み重ねながら、だんだんと「こうしたらこうなるかな」と予測することができるようになります。自分の経験や友達の活動などと照らし合わせて想像し**「あのときこうだったから、こうしたらこうなるだろう」と予測しながら活動できるようになるのです。**

その「あのときこうだったから」は、子供が自分の感覚や活動を通して行われる主体的な活動において記憶されることが多いでしょう。活動を通して学ぶ図画工作の時間は、子供の主体性を大切にしているので、子供が実感的に「あのときこうだったから、こうしたらこうなるだろう」という予測する力を身に付けることができます。

予測する力は、生活全般にわたり、どんなときにも必要になる力です。しかも、「ここにものを置いたら通りにくいかな」「この道を今渡ったら危険じゃないかな」などという、思いやりや優しさ、命に関わることにも通じる力です。大事に育てていきたいものです。

一歩踏み出し、そしてやりきる

1 「よし、やってみよう!」一歩踏み出すやる気と勇気

造形遊びは、材料や場所に関わることから始まる活動です。最初は具体的に造形的な活動を思い付いていなくても、材料や場所に関わることによって活動を思い付いていくという経験ができます。絵や立体、工作でも最初は表したいことを思い付いていなくても、材料に触れたり、友達の活動や作品を見たりすることによって、表したいことを思い付き、製作していきます。鑑賞でも同じです。感じたことや考えたことを交流することにより、自分の見方や感じ方を広げたり深めたりしていくことができます。

図画工作では、最初から確実にそれができると思っていなくても、目の前の小さなことからやってみる、対応してみることで、対処できる力を得ることができます。そして、「結果的に

できた」という経験は、子供が自分の可能性を強く感じ、様々なことに対して「やってみようかな」という思いをもつようになります。これは、前向きに一歩踏み出す自信につながっていきます。

「やってみようかな」と踏み出すと「やってみたら、できたよ」になり、その経験を積み重ねると、「よし、やってみよう！」と主体的に学ぼうとする、生活や社会と関わろうとする力が育っていくのです。

2 「違う、似ている、人それぞれ」多様性を感じる

図画工作の学習は、子供が自分の感覚や活動を通して、形や色などを捉え、自分のイメージをもつことを大切にしています。

イメージは、一人一人の子供がこれまで生きてきて、その経験に照らし合わせてもつものです。自分のイメージには間違いはなく、誰からも大切にされる必要があります。

感じたことや考えたことも同じです。一つの意味や価値に向かって行くのではなく、自分にとって新しい意味や価値をつくりだすことが大切で、それは尊重されるべきことです。

子供たちは表現や鑑賞の活動を通して、様々な感じ方や考え方があることを知ります。**「自**

分と違う」ということを知るのです。

もともと違う人間なのですから、違ってよいのです。しかし、この「違う」ということを、図画工作科では学習の中で気付くようにできる教科だと思います。

はじめから違うのだと思えば、違っていて当たり前。同じなのだという思いが強いと、違いが「ヘンなの」と気になります。違うのだと思っていれば、似たところが少しでもあると、「わ！　同じだ！」と喜びに変えられます。

図画工作の時間に自分の感じていることや考えたことを表現したり鑑賞したりすることにより、「自分はこれでいいのだ」と自信をもてるようになってほしいものです。

3　「できた」最後までやりきる

図画工作では、自分で表したいことを思い付き、どうやって表すか考え、表し方を工夫して実際に表します。

表したいことを思い付くだけ、表し方を考えるだけ、という授業は基本的に設定しません。実際に自分で製作するまでやる。その過程において学んでいくのです。

特別なことではないのであまり意識はされませんが、特に**図画工作の絵や立体、工作に表す**

活動では、子供は自分でやりきらないと終わりになりません。これは、ものをつくる学習の特徴と言えるかもしれません。

考えてみると、欠席したときには、次の図画工作の時間までに進めておいたり、次の時間に二倍努力したりしなければならないですし、指導上の配慮によって避けられることもありますが場合によっては、休み時間や放課後もやらなければならないかもしれない、言ってみたら**厳しい教科なのです。**

しかし、調査をしてみると図画工作が好きと言う子供は八割にのぼります。

図画工作の学習を通じて、子供たちは、楽しみながら、最後までやり遂げるということを学んでいるのでしょう。

みんなでつくる、認め合う

1　「みんなでやった」みんなでつくりだすことの喜びを知る

子供たちは、個人で活動しているときも、グループで活動しているときも、友達の活動や作品のよさや面白さなどを感じ取りながら活動しています。特に、表現の活動において、みんなでつくりだすことは、子供にとってうれしいことです。自分の感じたことや考えたことを大切にする土壌があり、その上で、みんなでつくりだす設定をすると、子供は友達と交流しながら、資質・能力を高めることができます。

そこでは、子供たちは対等な立場であり、自分の意見が友達に受け止められ、お互いに発想を刺激し合いながら、自分たちにとって意味や価値のあるものや出来事をつくりだしていきます。言葉を交わしたり、または言葉を交わさずお互いの活動に影響を受けたりしながら協働的な活動が行われます。その大元にあるのは、形や色、イメージです。「図工で友達と仲よくなれた」という子供がいますが、形や色、イメージなどによるコミュニケーションの能力も育まれているということでしょう。

それぞれの力を出し合ってお互いに高め合いながら、新しい意味や価値をつくりだしていくことは、これから様々な場面で必要となる力と言えるでしょう。大人の世界では、実際にチームを組んでプロジェクトに取り組んでいる例も見られます。

みんなでつくりだすことを楽しみ、つくりだす喜びを味わう経験により、このような力も育っていくのです。

2 「もっと見せて」「それいいね。やってみよう」共感の声

ある授業でのこと。子供たちは、様々な材料の特徴を生かしながら立体の作品をつくっています。授業の終わりに、一か所に集まって、前に出て、自分の作品を見せながら工夫したところを紹介します。

一人の子供が作品を見せながら紹介し終わったときに、聞いていた子供が、「反対側も見せてください」と言いました。きっと、自分たちがいろいろな方向から見ながら表現していくの

で、友達の作品もいろいろな方向から見たくなったのでしょう。紹介していた子供は、反対側を見せました。「あぁ、はしごも付いているんだね」「そこの形は文字みたいに見えるけれど、なんて書いているの？」など、反対側を見ることにより子供同士のやりとりが始まりました。「それいいね。僕もやってみよう」という声も聞かれます。子供たちから、自然に拍手がわき起こります。

「もっと見せてください、もう少しお話を聞かせてください」と言われると、子供も大人もうれしいものです。自分のしていることや考えに興味をもってもらえたということだからです。興味や関心などによる能動的な態度が、人間関係をより豊かにします。さらにそれを肯定的に捉え、自分の発想や工夫に生かそうとしているのなら、なおさらです。**子供の学習は集団の中で行われ、人と人との関わりについても学んでいる**ということを忘れないようにしたいものです。

3 「へぇー、あぁ」感嘆の声

鑑賞の時間です。自分が感じたことを「ここの色が、ここの形が」という根拠を示しながら話しています。「へぇー」「あぁ」と、聞いていた友達が共感の声を上げます。

発言した子供は、誇らしげな表情をしています。そしてたいてい、作品をさらに見つめて、もう少し感じ取ろうとします。このようなことを重ねながら、**子供はさらに自分の考えや感じ方に自信をもっていくのです。**

研修会などで、先生方と子供の作品を見るときにも同じことが起こります。感じたことや考えたことを発言してもらうと、会場から「あぁ」という声が上がります。そのときに「先生、今、どんな気分ですか？」と聞くと、みなさん満面の笑顔で「うれしいです」と答えてくれます。感じたことや考えたことに正解があるわけではないとわかっているけれども、つい大人は求められていることを探りながら発言してしまうことが多いので、なおさらなのでしょう。

子供も大人もそのうれしさや誇らしさは同じです。発言してよかった、と思うでしょう。学校生活の中で、そういう気分が味わえる機会はなかなかありません。こういった視点からも、共感してもらえる時間を大切にしたいものです。

子供の言葉から

最後に、ある学校で「図画工作でどんな力が付いたと思う?」「図画工作科って、みんなにとってどんな教科?」と聞いたときの子供の言葉を紹介します。

「私は図工をして、こうしたらこうなるだろうなと考える力を身に付けました。考える力を身に付けたことで、何でも、こうしたらこうなるだろうなということを考えることができるようになりました」。

「何でも」というところがいいですね。ここは危険かもしれない、と考え自分を守ることのできる子供を育てることに、図画工作の学習はつながっているとも言えるのです。

「図工はとても協力し合える教科だと思います。協力してよい作品ができあがるのがとても気持ちいいです。また図工でたくさんの考え方ができるようになりました」。

協力することが「気持ちいい」。小学校のときに、こう実感できたら、これから楽しく生きられそうです。たくさんの考え方、とは驚きました。人はいろいろと違う考え方をもっているということを超えて、自分もたくさんの考え方ができる、と言っているのです。

こういう授業を積み重ねてきたということですね。

「図工というのは、自分だけがつくれる作品をつくって、みんなと作品で関われることだと思う。この一年間でみんなといっぱい関わる力が身に付いたと思います」。

創造性について触れています。創造性は、新しいものやことをつくりだすことですが、これはその子供にとって新しいものやことです。自分だけがつくれる作品という言葉に、多様性への気付きを感じます。そして、だからこそ、関わり合いたくなるということです。

「図工は、創造力を育む教科だと思います。

自分で考えてひらめいて、実際にやって、失敗したりして学ぶのだと思います」。

その通り！

全国の子供たちも、この子供たちと同じように思っているのではないでしょうか。元気が出ますね！

おわりに

「先生、明日の図工はどんなことをするんですか」。

こう先生に話している子供たちの姿をよく目にします。祝日や学校行事で図画工作の時間がなかった週には「今週の図工はいつやるのですか」と子供たちから聞かれるという話、図画工作で自分に自信をもつことができ、他教科等の学習意欲も高まった子供の話なども先生方からうかがいます。

その度に、図画工作科は子供と共にある、子供から期待されている教科なのだと改めて感じ、身が引き締まる思いがします。

子供たちは「次は、どんなことをするのかな」と図画工作の時間に期待をもっています。「どんなことをしようかな」「どんなことができるのかな」と、活動に自分自身の可能性を重ね合わせて、新しい自分に出会えることを期待しているのです。

その子供たちの思いに応えられるように、一人一人の子供の資質・能力の育成を目指して、私たちは日々、授業改善をしていくことが大切なのです。

子供は本当に様々です。言うまでもありませんが、それぞれの先生が、目の前の子供を見つめ、「この子たちにとってよりよい授業とはどのようなことなのだろうか」と問い続けていくことが何よりも大切です。

本書がその一助になれたらそれはとてもうれしいことです。

本書は、東洋館出版社の河合麻衣さんとの強力なスクラムによって生まれました。熱い思いで「それ、書きましょう！」と応援してくれた河合さんに心よりお礼申し上げます。

平成二八年一一月　岡田京子

SPECIAL THANKS

本書ではたくさんの授業実践や作品写真をご提供いただきました。紹介させていただきます。

p.11-18
『ならべて つないで キラキラペーパー』

p.76-85
『まぜたらへんしん いろいろいろみず』

p.86-95
『いろいろな道を遠足』

p.96-105
『ゆらゆら ぱくぱく』

SPECIAL THANKS

全てのがんばる子供たち、先生方に感謝の気持ちを込めて。

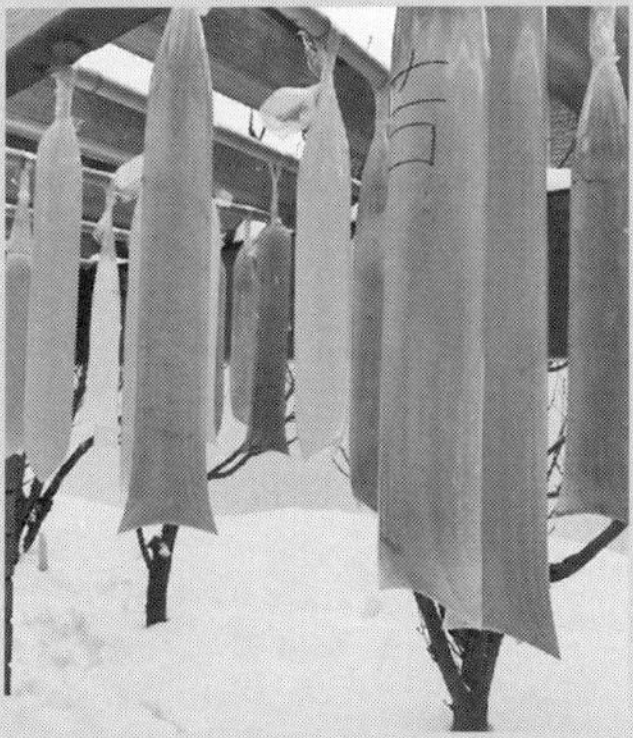

p.106-115
『おいでよ！　アイスの森』

p.116-125
『みどりの絵―葉っぱコレクションより―』

p.126-135
『ミロを見てミロ、感じてミロ』

p.136-145
『色水と場所がつくるいい関係』

SPECIAL THANKS

図画工作で子供が育つ。教師としての力も育つ。図画工作を通して、みんなが成長する。

p.146-155
『凸凹の絵』

p.156-165
『挑戦！　みんなは未来の建築家』

東京都足立区立島根小学校
富山県南砺市福光南部小学校
東京都墨田区立業平小学校
山口県周南市立今宿小学校
札幌市立星置東小学校
横浜市立西寺尾小学校
東京都目黒区立五本木小学校
千葉大学教育学部附属小学校

そして、全てのがんばる子供たちと先生方。ありがとうございました。

岡田 京子 OKADA KYOKO

文部科学省初等中等教育局教育課程課教科調査官
国立教育政策研究所教育課程研究センター研究開発部教育課程調査官

東京都公立小学校教諭、主任教諭、文部科学省『小学校学習指導要領解説 図画工作編』作成、評価規準の作成のための参考資料作成、特定の課題に関する調査などに携わり、平成二三年より現職。文部科学省の月刊誌「初等教育資料」では毎月の表紙作品の選定、デザイン面の担当を務めている。柔らかくわかりやすい語り口で子供の姿を語り、「今すぐ子供たちに会いたくなった!」という感想が寄せられる。関わった主な書籍として、『子どもスイッチON‼ 学び合い高め合う「造形遊び」』『わくわく図工レシピ集』(ともに東洋館出版社)など。

所属・プロフィールは平成二八年刊行時点

成長する授業
―子供と教師をつなぐ図画工作

2016（平成28）年12月22日　初版第1刷発行
2023（令和5）年9月25日　初版第5刷発行

［著　　者］岡田 京子
［発 行 者］錦織 圭之介
［発 行 所］株式会社　東洋館出版社
〒101-0054　東京都千代田区神田錦町2丁目9番1号
コンフォール安田ビル2階
代　表　TEL：03-6778-4343
FAX：03-5281-8091
営業部　TEL：03-6778-7278
FAX：03-5281-8092
振　替　00180-7-96823
URL　https://www.toyokan.co.jp

［装　　幀］國枝 達也
［本文デザイン］吉野 綾（藤原印刷株式会社）
［イラスト］オセロ
［印刷・製本］藤原印刷株式会社

ISBN978-4-491-03296-2　　Printed in Japan